劳动美青少年劳动教育丛书

就是工匠精神

陈小庚 主编

潘小娴 编著

致最可爱的人们！

SPM 南方传媒

全国优秀出版社
全国百佳图书出版单位

广东教育出版社

·广 州·

图书在版编目（CIP）数据

这就是工匠精神 / 陈小庚主编；潘小娴编著 . — 广州 ： 广东教育出版社， 2021. 8（2024.7重印）

（中国梦·劳动美青少年劳动教育丛书）

ISBN 978-7-5548-3426-8

Ⅰ.①这… Ⅱ.①陈… ②潘… Ⅲ.①劳动教育—青少年读物 Ⅳ.①G40-015

中国版本图书馆CIP数据核字（2020）第133516号

策划编辑：郝琳琳
责任编辑：赵　杰
责任技编：姚健燕
装帧设计：邓君豪

ZHE JIUSHI GONGJIANG JINGSHEN
这就是工匠精神

广东教育出版社出版发行

（广州市环市东路472号12-15楼）

邮政编码：510075

网址：http://www.gjs.cn

广东新华发行集团股份有限公司经销

广州市岭美文化科技有限公司印刷

（广州市荔湾区花地大道南海南工商贸易区A幢）

787毫米×1092毫米　16开本　10.5印张　210 000字

2021年8月第1版　2024年7月第2次印刷

ISBN 978-7-5548-3426-8

定价：28.00元

质量监督电话：020-87613102　邮箱：gjs-quality@nfcb.com.cn

购书咨询电话：020-87772438

声明：感谢在本书出版过程中给予无私帮助和支持的众多单位及个人，但在编写过程中经过多方努力，仍有部分图片无法与其著作权人取得联系，恳请著作权人与我社联系，以便支付稿酬。

劳动最美

陈小庚

　　我国的第一部诗歌总集《诗经》里面有很多记载劳动、歌颂劳动的场面，如"九月筑场圃，十月纳禾稼。黍稷重穋，禾麻菽麦""采采芣苢，薄言采之。采采芣苢，薄言有之。采采芣苢，薄言掇之"。而在春秋战国时代，诸子百家之一的墨子，即是一位高度重视劳动的伟大思想家。他主张每个人都必须参加劳动，强烈反对不劳而获——"赖其力者生，不赖其力者不生"。热爱劳动、歌颂劳动，一直是我国的伟大传统。2013年4月28日，习近平在同全国劳动模范代表座谈时指出："劳动是财富的源泉，也是幸福的源泉。人世间的美好梦想，只有通过诚实劳动才能实现；发展中的各种难题，只有通过诚实劳动才能破解；生命里的一切辉煌，只有通过诚实劳动才能铸就。"这套《中国梦·劳动美青少年劳动教育丛书》，即是这样一套以劳动模范、大国工匠、创新大师的主要事迹为基本内容，给青少年读者以榜样力量的丛书。

　　袁隆平、钟南山、屠呦呦……这些名字如雷贯耳，他们的事迹家喻户晓，耳熟能详。但是，除了这些名人之外，还有许许多多对于普通读者来说仍觉陌生的劳动模范，他们或是高铁建设者，或是航空事业建设者，或是港珠澳大桥建设者，或是城市里的环卫工人，或是工厂里的技术工人……他们精神的传承，是自身努力的结果，也有时代赋予的机遇。当然，他们或许没有前面这些名人那样耀眼，但是他们的故事也都闪烁着人文的光辉。我们该如何讲好这些故事？

在接到编写这套丛书的任务之初，我们编写团队就在心里嘀咕：现在的学生，还喜欢看劳模的故事吗？能理解劳模的精神吗？因为我们脑海里浮现的是我们读中小学的那个年代——二十世纪八九十年代甚至更早之前的影视劳模形象——从事最艰苦、最危险的工作，只讲奉献、不求回报，基本上是不食人间烟火的孤胆英雄。小时候，总觉得故事里的那些劳模都是高高在上，让人仰望的，与我们平凡的生活似乎隔着一段很长的距离。而这一代的学生，是互联网原住民，比起我们小时候，他们的眼界更加开阔，思想更加独立，也比我们有更多的质疑精神，是决不盲从的一代。从前那种抽去筋肉、拔高了的"虚空化"描写很难让他们接受。编写团队决定更多采取新闻叙事的写法，以平行的视角、平实的语调，不拔高不夸张，以细节还原、呈现他们的事迹，尽量保留生活的烟火气。他们是人，是真实的人！如果可以，我相信他们一定愿意与正在读这套丛书的小读者们一起面对面、平等地叙说，探讨他们的事业、他们的追求。在这套书中，主人公即使身处条件异常恶劣的环境，也咬牙奋斗，最后通过自己的不懈努力改善环境的故事不胜枚举。关于这些可敬可爱的劳动模范的故事，我就不赘述太多，等你们自己去书中"寻宝"。但是，我想跟你们分享几点我们在编写这套丛书过程中的感悟。

终身学习的重要性。人生就是一场马拉松，起跑线其实并不重要，终点线也是。你只要在这过程中，持续不断地跑，一直往前，那么，你将赢得人生。这些获得了国家级荣誉的劳动模范，他们就是最好的榜样。这套丛书中的主人公，很多人起点并不高，有职业院校毕业的，有刚读完中小学就因为种种原因辍学的，他们虽然离开了学校，但是并没有放弃学习。或跟着师傅学习专业知识、自己看书做笔记学习理论知识，或四处游学、研究，最后在自己的专业领域做到极致。

自我激励的重要性。不管环境如何，一定要心怀光明，无论遇到什么困境，都要保持积极心态。不放弃不抛弃。这些主人公在追求事业的道路上都遇到了很多坎坷，甚至是生死难关，可是他们都是咬着牙挺了过来。遭遇挫折和打击时，他们也曾犹豫徘徊，也曾痛苦迷茫，但是，只要心中有坚定的信念，他们很快就调整情绪，积极追梦。

认识劳动的价值。在进入互联网和移动互联网时代的今天，科技和物质水平高度发达。随着生产环境和生活条件的改变，书中一些主人公从事的工作，在不久的未来或将消失。但是，变革的是场景，不变的是这份对劳动的热爱之心。细心的读者可能还会发现，在这些主人公身上频频出现的一句话是"一辈子只做一件事"！也许，对于如今这个瞬息万变的时代，这个观念在新时代看来非常落后，但是，那曾经是父辈们、祖辈们非常看重的品德，是他们实践得到的经验和信仰。今天，我们未必是一辈子只干一件事，但是一辈子都要干事这种理念，仍然是要继承的。

　　不管是精神的，还是物质的成果，它们的形成都离开不劳动。我们在享受精神和物质成果的同时，既要感恩劳动者，也要积极投身劳动，做一个热爱劳动、热爱劳动人民的人。

目录

贰

技攀高峰

开创新天

叁

铸造传奇

肆

壹 / 守望传统

做一个传统的守望者，让幸福将每一个平凡的日子晕染。

李得浓：
积极求索，
只为潮州木雕的崛起

    "做木雕像学生做作业一样，需勤才能得分；做艺术像做人一样，需诚才能真。"

    潮州木雕，盛开在广东潮州的一朵艺术奇葩。李得浓一生致力于挖掘木雕的美学底蕴，让古老的潮州木雕艺术散发浓烈的时代气息，让传统潮州木雕焕发出时代的新生命。难怪著名国学大师饶宗颐如此盛赞他——"方家有神技，大匠无弃材"。

"方家有神技，大匠无弃材"，这是著名国学大师饶宗颐对李得浓的评价。

饶宗颐题"方家有神技，大匠无弃材"（图片来源：李庆）

　　潮州木雕历史悠久，它始于唐宋，盛于明清，是潮汕文化的重要载体，具有独特的民间艺术特色，与浙江东阳木雕并誉为中国两大木雕体系。明清时，潮州木雕在建筑与用具上处处可见；但由于种种原因，如今的潮州木雕行业，从艺者寥寥，出类拔萃者更是屈指可数。

　　作为国家级非物质文化遗产项目潮州木雕代表性传承人之一、中国工艺美术大师的李得浓，秉承着潮州木雕的文化精神，以自己独特的构思和创作，因材施艺，化腐朽为神奇，赋予潮州木雕崭新的艺术生命。

拜师求学，勤学苦练木雕技艺

李得浓出生于1949年，是中华人民共和国的同龄人。

李得浓的父亲是潮州老一辈的彩瓷艺人，李得浓从小受父亲影响，非常喜爱书画。1966年，年仅17岁的他去了工艺厂做陶瓷花纸设计。在工艺厂做了两年，赶上了上山下乡的浪潮，他被厂里辞退，待业在家。由于会书法和绘画，他便经常帮居委会做宣传海报、墙报。

1973年，潮州木雕厂进行招工考试，考试内容包括素描和国画，本来就爱画画的李得浓，自然顺利地被录取了。进入木雕厂后，他开始接触木雕。幸运的是，他得以师从著名木雕大师陈舜羌。因为有绘画基础且读过书，学艺又认真，所以他很讨师父陈舜羌的喜欢。他很感恩师父，从怎样磨刀到刻刀保养，从创作思路到构图关系，从粗胚打磨到精雕细刻，师父都事无巨细地传授。因为一心认认真真地学艺，李得浓的木雕技艺突飞猛进。在进入木雕厂的第二年，他就因技艺突出，进了技术革新组，成为厂里的技术骨干。

回忆起当年的学徒经历，李得浓说，在陈舜羌大师的门下学艺，不仅使自己在技艺上突飞猛进，而且在人生观、艺术观方面也给自己带来了极大的影响。他认识到一个人除了要认认真真地从艺，还要学会胸怀宽广，修炼心性，才能最终成就自己。

努力的人，终究会遇到好机会的，而好机会也总是留给有所准备的人。认认真真学艺的李得浓，真的就遇到了一个可以进正规院校进修，全面提升自己的好机会。1977年，潮州市要选派一个创作设计人员到广东人民艺术学院（现广州美术学院）进修，技艺突出的李得浓被选中，这使他成为潮州木雕行业中唯一一位在正规美术院校受过系统美术教育的工艺美术大师。

从师从著名木雕大师陈舜羌，运斤持凿，勤学传统木雕技艺的基本功，到专业美术院校的系统学习与研修，再加上自身的艺术悟性与刻苦追求，李得浓早早形成了自己独特的艺术语言。

"大匠无弃材"，对潮州木雕大胆创新

　　能被称为大师者，往往都是在继承传统的基础上，敢于和善于创新的。而李得浓正是这样一位敢于和善于创新的大师。

心无旁骛，只为好作品（图片来源：李庆）

　　作为潮州木雕的传承人，一直以来，李得浓都以继承、弘扬和发展潮州木雕艺术为己任，时刻探索与追求一个重要主题——如何将传统技艺与人居环境、现代审美相结合。他认为现代木雕作品的创作要入乎传统，还要出乎传统，必须寻找传统与现代的契合。为

此，他决定以新的艺术语言对潮州木雕进行现代性的诠释。他的作品一改程式化的传统构图形式与表现手法，大胆追求创意与表现形式的融洽，并因材施艺，注入绘画的构图关系和雕塑的体积语言，"工意"结合，刚柔相济。

　　潮州木雕最典型的立体镂通题材为蟹篓，是由清末潮州木雕艺人创作并发展起来的，很好地体现了潮州木雕粗细、动静对比的传统工艺，但后来工匠们的作品，除了增加虾、鱼等内容外，却没有多少创新。而在李得浓的刻刀下，蟹篓已演化成各种不同造型、构图的作品，如《龙虾蟹篓》《蟹篓》《游目骋怀》《游弋》《二甲传胪》等。它们都是根据木块的特点来进行造型。其中《游目骋怀》选用的木块是天然的瘤杉根部，李得浓将蟹篓置于其中，好像蟹篓在浪花中激扬，栩栩如生的蟹篓与原木的韵味融为一体。而《龙虾蟹篓》则巧借杉树根原生态的造型与肌理，保留天然树瘤"大璞不雕"，篓内外的龙虾螃蟹，或屈或伸，或俯或仰，或游或嬉，活灵活现，将原始粗犷与精致工巧融合，生成一种既富有创意，又具野性和奇气的木雕艺术语言，给人以耳目一新之感。

李得浓木雕作品《游目骋怀》　（图片来源：李庆）

在充分保留和利用潮州木雕传统多层次镂通的优秀技法的基础上，同样是传统题材作品的《五代荣封》，李得浓却使用了"横幅"的形式来表现。作品中有殿堂、旌表、庭院、小桥、流水、苍松、假山等景物，增加了木雕的层次，圆雕、浮雕、阴雕、镂空等手法并用，完美彰显出潮州木雕的玲珑剔透之美。

大胆创新的李得浓，还打破潮州木雕的"S"形和"Z"形这两种传统构图形式，开创出"聚丛式""门字式"等新颖的构图形式。他的花鸟题材作品《和谐之韵》，便运用了典型的"聚丛式"的满构图法，在保留多层次镂通的同时，追求现代形式感，疏密相间，繁简对比，相互映衬，情趣盎然。

李得浓不遗余力地从多方面挖掘木雕的美学底蕴，通过大胆尝试和创新艺术形式，把潮州木雕从过去的建筑装饰、民俗日用品提升到艺术品的高度，广获好评，屡屡获奖。1998年他与人合作的作品《蟹篓》获"广东省首届工艺美术名家名作展"金奖；个人作品《游目骋怀》获中国工艺美术"2002华艺杯"银奖；2003年，作品《二甲传胪》获上海国际艺术节中国（国家级）工艺美术大师精品博览会金奖……而他另一幅采用"聚丛式"构图的多层次镂通挂屏《锦上添花》，于上海国际艺术节暨中国工艺美术大师精品博览会中获金奖，并被誉为"潮州木雕创新之佳构"。

李得浓在继承和发扬传统的基础上，一直致力于各种艺术创新，挖掘木雕的美学底蕴，让古老的艺术散发浓烈的时代气息，让传统的潮州木雕焕发出时代新生命，成为当代潮州木雕的一位顶梁"大匠"。国际著名国学大师饶宗颐在观赏了李得浓的木雕作品后，欣然写下了一副褒扬他的对联——"方家有神技，大匠无弃材"。

艺术多面手，为潮州木雕发展尽心竭力

潮州木雕的顶梁"大匠"李得浓，堪称艺术多面手。

李得浓前后参与过三十多处古迹雕塑的修复，还做过公园等公共场所的大型雕塑，在木结构古建筑的修复和重建中做过全套梁架、斗拱、木雕装饰的设计，还为广州白天鹅宾馆嘉宾厅、东方宾馆翠园宫、广东顺德建筑设计院等设计制作了木雕作品。此外，他还为人民大会堂收藏的瓷塑壁画《清明上河图》设计制作了金漆木雕座《华夏长春》，为"广东四大名园"之一的清晖园扩建工程设计制作了大量的挂落、门罩、净角、檐口等木雕作品，为法国巴黎中国城设计了整座挂落、屏风、龙凤台等木雕装饰和喷砂玻璃彩绘……这种种令人瞩目的成就，使他成为实至名归的"中国工艺美术大师"！

但对于"中国工艺美术大师"的荣誉，李得浓却认为这是一种鞭策和责任。他说："这个荣誉迫使我更应该做好自己，为这门艺术尽心竭力，这是一个潮州木雕艺人的责任和使命。"为此，他还发起成立了潮州木雕艺术研究中心，大力培养潮州木雕艺术传人。

只可惜，为潮州木雕艺术劳心劳力的李得浓，于2016年10月23日凌晨不幸逝世，享年67岁。虽然李得浓离开了人世，但他给潮州留下了一笔重要的艺术财富，也为世人留下了关于人生的深邃思考。

在李得浓四十余年的木雕生涯里，一直都在忙忙碌碌地围绕着木雕打转。潮州木雕工艺复杂，有时候一件作品往往要耗费很长的时间，比如他的大型樟木镂通虾蟹篓题材作品《憩息之舟》，便断断续续花了四年多的时间才完成，而《喜悦归》更是花了将近十年的时间才大功告成。

这种漫长的、有些单调的忙碌，或许对许多人而言，是枯燥清苦的。但李得浓却觉得，一个人全神贯注创作出的每一件作品，付出的汗水都不会白费，那种感觉，虽苦亦乐。

劳动精神

认认真真地学艺，以继承、弘扬和发展潮州木雕艺术为己任，李得浓凿木四十余载，这种几十年如一日勤奋劳动的本色，这种敢站潮头且锐意创新的人生态度，成就了潮州木雕的崛起，也成就了一个人生命飞扬的气度。

资料来源：《中华手工》《潮商》

陈少芳：
以针线"传神"，
让传统广绣迎来新的生机

❝刺绣，重点是绣得好不好，有没有艺术追求，有没有画理，有没有传达自己的感情。❞

以画入绣，以穿针为笔，引丝为墨，"现代广绣"奠基人陈少芳，开宗立派，独创"陈氏广绣"，让历经2000多年的广绣，成为一门具有现代气息的视觉艺术；她为广绣奠定了中国"四大名绣"之一的地位，引领广绣技艺建立了一个又一个里程碑。

广绣，是以广州为中心的珠江三角洲地区民间刺绣工艺的总称，有着悠久的历史。

通过一代又一代艺人的努力与刻苦钻研，使得广绣技艺有了长足的发展。

从20世纪60年代开始，陈少芳通过锐意创新，在吸取传统广绣技艺的基础上，加入了众多现代绘画艺术元素，并采用将传统形、色、纹、针重新排列组合的"丝线色彩构成法"，开宗立派，成功创立了"陈氏广绣"。

"陈氏广绣"，以画入绣，以穿针为笔、引丝为墨的方式进行美术式创作，让广绣成为一门具有现代气息的视觉艺术，引领广绣技艺建立了一个又一个里程碑。

开宗立派，让濒临失传的广绣迎来新生机

1937年，陈少芳出生于广州的一个红色革命家庭，彼时父母忙于革命事业，无暇照顾自己的女儿，只得将她托付给当地的一家孤儿院。孤儿院里没有文艺环境的熏陶浸润，但陈少芳清闲时经常爱在沙地上用树枝画"公仔"，已然展露出对艺术创作的热爱。

1958年，陈少芳进入广州美术学院国画系人物科学习，她研习了大量传统国画技法以及西画中的油画构图、焦点透视法、立体空间概念，对知识的兼收并蓄为她日后的广绣作品创新打下了坚实的专业基础。

1962年，从广州美术学院毕业后，陈少芳被分配到广州市工艺美术研究所工作。在研究所工作期间，她研究过广彩、牙雕、蚌壳雕等艺术门类，但最终选择从事广绣设计工作。她的这一选择，也影响了广绣在当代的命运。谈起当初为什么选择广绣，陈少芳

说，她觉得刺绣比较容易发挥个人的创作能力，限制较小，它可大可小、可简可繁，而且"有一种特殊效果，非常丰富，绣出来很高贵，比油画还要好看"。

正当科班出身的陈少芳准备在广绣研究上施展拳脚的时候，由于一些客观原因，陈少芳所在的广州市工艺美术研究所被解散了。直到1972年，陈少芳才有机会重新从事广绣工作。此后，她凭着自己对广绣的热爱，陆续创作了许多现代题材的广绣作品，让广绣逐渐呈现出一种崭新的面貌。

二十世纪八九十年代，老一辈艺人退休的退休，转行的转行，广绣几成绝艺。面对广绣濒临失传的困境，一心扑在广绣事业上的陈少芳甚为担忧。

1993年，陈少芳退休了，但她并没有放弃对广绣不断进行传承和创新的愿望。退休的第二年，陈少芳满怀激情地筹建起私人性质的广绣艺术研究所。广绣艺术研究所既从事广绣创作研究，也招收学徒进行广绣工艺品生产。她不仅从技术上挽救了广绣的命运，保护了广绣的地位，还在传统广绣技艺的基础上加入众多现代绘画艺术元素，开宗立派创出独具一格的"陈氏广绣"，让濒临失传的广绣，迎来了新的生机，并成为一门具有现代气息的视觉艺术。

通过多年努力，一直致力于广绣传承、创新的陈少芳终于得到了公众的认可，被誉为"现代广绣"奠基人，成为第一批国家级非物质文化遗产项目粤绣（广绣）代表性传承人。

"陈氏广绣"：以画入绣，创新现代刺绣技法

广绣如何切合时代，焕发出新的生命色彩，这是陈少芳时刻关

注的问题，她自己也一直身体力行地探索着对广绣进行革新的方式。

"传统广绣，画的人与绣的人是分开的，画的没有考虑到绣，绣的也没有领会画。鉴于此，我会用刺绣的本体语言去设计底稿。"陈少芳自信地说，现代广绣是由设计者自己创作图稿，堪称"100%原创作品"，因而对设计者的美术功底要求很高。另外，传统广绣多以白描手法来绣吉祥喜庆的传统题材，而现代广绣则在白描的基础上进行上色，将题材多面延伸，并运用国画及油画的表现手法，将中西绘画艺术原理融入传统广绣中，特别利用了空间混合色彩构成，其色彩绚丽丰富，犹如油画作品。

陈少芳独创的"陈氏广绣"，采用"丝线色彩构成法"，将不同颜色的丝线组合在一起，以丝线的疏密控制画面的颜色和亮度，以绣花针和丝线实现调色板的功能，其奥妙之处在于能让绣画比用画笔创作出来的画更加细腻。

开宗立派创出独具一格的"陈氏广绣"后，陈少芳还创作了一批炉火纯青的佳作：1964年参加全国工艺美术展的《牧羊姑娘》，是陈少芳首次运用油画与国画相结合的手法进行创作；《晨曦》获得1982年全国工艺美术百花赛金杯奖，为广绣奠定了中国"四大名绣"之一的地位；《我爱小鸡群》受到邓小平的欣赏与好评；2004年，《岭南锦绣》在广东省首届民间工艺精品展获得金奖；等等。

具有时代眼光的陈少芳深知广绣的竞争力在于创新，不能只着眼于传统题材，于是一个个传统广绣未曾触碰的题材都成了她要攻克的目标。在长期的摸索中，现代人像广绣应运而生，邓小平像、维纳斯像被搬上绣布，栩栩如生地出现在她的广绣作品中。

当然，任何的创新，都要付出常人难以想象的努力。单说攻克人物绣法这个难关，陈少芳就花了整整10年时间，也不知用掉了多少丝线，才做到如此形神兼备，她的广绣作品甚至能够很好地展现出人物的肤色和皮肤的光泽。

《晨曦》，为广绣奠定了中国"四大名绣"之一的地位

在陈少芳的广绣代表作中，最为大众熟悉且获得荣誉最高的作品要数《晨曦》了。

《晨曦》创作于1982年，当年将举办全国工艺美术百花赛。在这个比赛中，中国刺绣行业将进行全国性的技艺大评比活动，中国的"四大名绣"亦将被重新确定，这是为广绣确立地位的关键一战。当时陈少芳负责创作《晨曦》，参加这场中国"四大名绣"的评比。

接受任务后，陈少芳没日没夜地赶工，其间还发生了一个小故事：有天厂里的领导来厂，惊讶地问她怎么还没走。原来当天已是大年三十，厂里的人都走了，大门也被贴了封条，厂里领导巡视时发现屋里有灯光，走进来竟看到陈少芳还在忘我地画画。要不是被及时发现，她可能就要在厂里过年了。

陈少芳设计的《晨曦》，无论在构图上还是在针法上，都打破了传统，进行大胆创新：在构图与色彩上，既采用了西画的手法，又结合了中国传统水墨画的特色；在针法上，为表现孔雀的头、颈、胸、腹部不同的羽毛质感，她创新了捆咬针、留水路、捆插针、施疏针等多种表现不同对象的针法。此外，在传统广绣中，孔雀翅膀向天的部分是白色的，翼底是黑色的，但陈少芳认为这样的绣法不够立体，她琢磨了很长时间，有一天灵感乍现，想到早上的太阳刚从地平线升起时，孔雀翅膀的受光方式会有所不同。于是她抛开传统，把本应处于阴暗面的翼底擦亮，将孔雀尾巴鲜艳繁丽的色彩展现得淋漓尽致。

陈少芳广绣作品《晨曦》（图片来源：东南网）

最终，《晨曦》荣获1982年全国工艺美术百花赛金杯奖，为广绣奠定了中国"四大名绣"之一的地位。后来该作品被选送到各大国际展览中进行展出，并被收藏于人民大会堂广东厅与广东民间工艺博物馆。

痴迷广绣，铸造传奇世纪之作

将广绣视为一生挚爱并为之倾尽全力的陈少芳，在五十多年的艺术生涯中孜孜求索。说起耗时最长、创作过程最艰辛曲折的作品，要数酝酿了三十年、一家人一起花费近十年创作的世纪之作——岭南长卷《岭南锦绣》。

自1991年起，陈少芳便开始创作广绣花鸟长卷《岭南锦绣》，直至2000年10月才完成这件作品。近10年的时间里，陈少芳一家在纵1.2米、横13.8米的长卷上绘出18个代表岭南特色的景象。51种共128只鸟，一年四季的时花时果，早中晚不同时分的景色，各种考究的情景与细节设计无不饱含着她作为艺术家的坚持与心血。正是这些投入，让百花斗艳、百鸟和鸣的《岭南锦绣》得以展现在世人面前。

当时已经封笔的著名岭南画派画家关山月，看到陈少芳历时近10年完成的这幅绣作后，颇为感动，遂重新挥笔，为长卷题下"岭南锦绣"之名。

陈少芳在荔湾博物馆举办"一笔千针——陈少芳刺绣作品展"（图片来源：大洋网）

陈少芳从事广绣艺术研究和创作50多年，和同行一起撑起了广绣这门艺术。不论是经历作为一名设计人员被迫遣散的挫折，还是后来遭遇广绣几近名存实亡的困境，她始终都坚持不懈地奔走在广绣这条道路上，锐意创新，开班授徒。她的执着感染了家人，一家人一心一意地传承着广绣。

她说，自己只想让广绣这门艺术，生生不息。

劳动精神

付出是美的，收获也是美的。从选择广绣开始，她就一心一意，全情投入，就算遭遇广绣几近名存实亡的困境，她也依然不离不弃，默默地用自己的双手，重新让广绣焕发出新时代的光彩。

资料来源：《信息时报》《新快报》

杨虾:
坚守七十载,
守望广式家具的光阴

> **❝** 我都80多岁了,还是不愿退休,还是天天设计家具。回头想想,我是真的喜欢这一行。只要身体不影响,还会继续做下去。**❞**

　　杨虾与广式家具牵绊了70多年的时光,历经广式家具的起起伏伏。他一生的执念,一生的匠心,都倾注于对红木家具的不断创新、开发中,为广式红木家具注入了璀璨的时代光华。

"我是闻着木屑香长大的。"国家级非物质文化遗产代表性项目家具制作技艺（广式硬木家具制作技艺）传承人杨虾，这样形容自己与木头的缘分。

杨虾的曾祖父、祖父和父亲，全是做红木家具的，到他这儿已经是第四代了。当时他们家住在惠福路的梳篦街，那一带全是做家具的作坊。而当时他们家的房子很小，既是住房，又是工场。所以，小时候他是被木屑香环绕着的。每天，他踩过满地的木屑香上学，又踏着满地的木屑香回家，就连睡觉都是枕着木屑香入梦的。

可能正是由于被木屑香时时环绕，使得他一辈子与木头相连在一起，守望了广式硬木家具70多年的光阴，为其创新与发展倾注了自己一辈子的精力。杨虾说："现在我都80多岁了，还是不愿退休，还是天天设计家具。回头想想，我是真的喜欢这一行。只要身体不影响，还会继续做下去。"

从单纯木工，变身为工艺师

1937年，杨虾出生于红木家具世家。在他很小的时候，就经常拿着祖父、父亲的刨子、挑刀玩耍。他童年的大部分时间，都与刨子、挑刀在一起。但是，这活儿不好玩，也很辛苦，光是把木头一条一条地锯开刨平，就要费很大的劲儿，往往他已经累得筋疲力尽了，而木头还没有锯开多少。这时候父亲通常会提醒他说："要花心思做事，才能做好。"所以，从十二三岁开始就已经当上木工学徒的杨虾，就养成了做什么事都认真做的习惯。

因为认真，小小年纪的他很快就学会了一些做家具的技艺，比如在木头上开榫、打眼。那是木工中最难的一道工序了，因为当时没有图纸、标准尺寸，一切都靠目测。杨虾说，以前全靠手工制作，哪像如今有机器，一打一个精确的洞，那时完全只能靠不断地练习与摸索，才能找到感觉。因而，一块木板、一根粉笔，就是他不断练习的对象。这些木工活练就的深厚根底，为他后来走上广式硬木家具的制作之路，打下了坚实的基础。

1958年，杨虾进了胜利酸枝家私社（即后来的广州木雕家具工艺厂）当木工，因为他从小打下了木工活的功底，很快就被选派到广州市工艺美术研究所木雕家具学习班学习。这时，他才真正了解到家具"设计"的含义，设计更富挑战性。从前只靠一块木板、一根粉笔简简单单地画几道线的手工，谈不上款式，装饰的线条也相对简单，当然难以做出更加精细的广式家具，但通过设计，家具的款式不仅可以花样百出，而且线条纹路也可以变得更加繁复多姿、富有内涵了。

从这开始，杨虾喜欢上了设计。他先在广州木雕厂从事设计工作，后又任设计室主任，负责广式家具产品的设计和技改工作，设计出了不少闻名的、典型的广式家具作品，并为红木家具的制作编写了一套《工艺管理标准手册》。而他也从一个普通的木工，华丽变身为一名广式家具的工艺大师。

潜心打造"九龙床"，一鸣惊人美名扬

20世纪70年代初，政府大力提倡恢复传统手工艺，振兴出口业。作为广州木雕厂的设计室主任，杨虾很想做出能代表广式风格的家具，以吸引外国人的眼光。当时他带着几个年轻人和厂里的老师傅一起商议，不断尝试。经过苦思冥想，他觉得龙在中国传统文

化中有着特殊的内涵与意蕴。于是参照北京颐和园的九龙壁，他确定了"九龙床"（广式家具里三人坐的沙发）的构思，并带领着团队，用了半年时间设计图纸，再召集老师傅们制造，前后共花费了近两年时间，完成了著名的"九龙床"。

回忆起当年制作的"九龙床"，杨虾感叹连连。广式家具历来用料粗大，造型厚重，雕刻繁缛，木材互不掺用，因而要保留这种风格，在靠背上设计出九条形态各异的龙，就显得尤为不易。其设计一要易于雕刻，二要美观大气、形象生动。当时，他手上没有关于广式家具的书籍，也没有相关的参考资料，所有的细节都要依靠自己和团队成员们一起努力摸索。光是把构思的"九龙床"画出来变为图纸，就整整花了半年的时间，之后再聚集厂里的木工、雕花工中的顶尖师傅作为班底，一起进行制作。有意思的是，当时比杨虾小8岁的弟弟杨广海，也是制作"九龙床"的一员"大将"。杨广海是学习雕花出身的，雕花是个细腻的活，非常劳心伤神，耗时也长。在整个"九龙床"的制作上，雕花又花费了一年多的时间。如此精美细致的"九龙床"，也成了以设计闻名的杨虾、以雕花见胜的杨广海心中难忘的华彩乐章。

细腻用心的制作，带来了丰硕的成果。1972年，"九龙床"不仅在广州乃至全国的比赛中获了奖，更在广交会（中国进出口商品交易会）上引来了无数外商的围观和竞购，最终卖出了26.5万元的高价。杨虾说："其实，当时的木料、工艺和人工成本大概是3万多元，没想到在广交会上竟然翻了差不多9倍的价格，全厂人都高兴极了。"

因为"九龙床"，使得杨虾一炮而红。从此，他名气越来越大，他设计的广式家具也越来越富有创意，越来越受到大众的喜爱。

镶嵌艺术，堪称一绝

还是在1972年，杨虾又带头设计创作了一张梅雀酸枝木大理石七头大元台，该作品除了运用多层次的雕刻技术，还尤其注重镶嵌技艺的发挥，堪称广式家具一绝。杨虾强调，镶嵌艺术讲究的是锦上添花而不是喧宾夺主，镶嵌的材料应该与家具浑然一体，如同是木材本身"生"出来的一样，而不是刻意突出，所以，镶嵌工艺要求刀功要非常深厚。当时他在精雕细刻的基础上，做了一番创新，把大理石（云石）嵌入了圆桌、圆椅，圆桌脚的上下粗细变化自然，流畅秀丽，从而表现出了广州红木家具雕刻艺术的立体感。如今，这张梅雀酸枝木大理石七头大元台被收藏在陈家祠，成为广式家具最具有代表性的作品之一。

此后，杨虾又接连设计了很多引人注目的作品。比如，1979年设计的酸枝大理石大宝薰十件套沙发，是向新中国成立三十年献礼的精品，被选送香港艺术品展参展；1986年设计的花梨木大理石十二件套沙发，参加香港艺术节获二等奖；等等。这些作品中，最令他难忘的还是1979年设计的酸枝大理石大宝薰十件套沙发。当时，为了让酸枝大理石大宝薰家具达到做工精细的完美效果，他先用泥塑了模型。因为当时的酸枝木头是很华贵的，浪费不起，又由于怕在木头上雕花容易把木头弄坏，所以他要先在泥塑上把图案、花纹大概地雕刻出来，然后慢慢雕琢准确，等雕工们的手工也熟练后，才到木头上雕花。这就像是把一幅画嵌在家具上，让人感觉家具不仅是一件生活用品，更是一件艺术品。

杨虾对红木家具的不断创新、开发和对新技术的利用，为广州红木家具产品系列化奠定了一定的基础，最终形成了自成一派的广式红木家具产品系列。由于他创作设计的花式品种适销对路，广式家具在国内外大放异彩，享有较高的声誉。

经过杨虾改良简化制作的广式家具（图片来源：《广州日报》）

工艺要老，观念要新，匠心独运永不停歇

"工艺要老，观念要新。""手艺人永远不要等着别人来拯救你、保护你，要学会自救，只有在市场上争得一席之地，才有活路。"杨虾一再说到这两句话。

广式红木家具具有悠久的历史，最早出现于明末清初，最初是不雕花的"光身"红木家具；到清代初期，雕花工艺逐渐应用到红木家具的制作上，形成广式家具独特的木雕艺术。用料上，广式家具多采用花梨木、酸枝木等名贵木材制作，花梨木、酸枝木制作的家具在经过刮磨打蜡后，表面如同镜面一般光彩照人，触摸起来质感细滑清凉，让人从视觉和触觉上都能感受到一种深厚含蓄、华贵雍容的美感。

杨虾说，要传承好传统的广式家具工艺，必须坚持老的工艺，吸收新的观念，才能让广式家具更有生命力。以椅子为例，传统家具总是将人的屁股挨着的地方做得高高的；而椅背也是直直的，人坐上去，一定得正襟危坐不可。但现代人讲究舒适的生活，所以作为一名工艺师，一定要想着如何用传统的工艺做出现代的舒适家具。为适应现代人的审美需要及生活需求，杨虾把椅子做矮了，以及椅背也不总是直直的，而是略带倾斜，人坐在椅子上会舒服很多，杨虾制作的椅子也因此颇受人们的喜爱。

"没有创新就没有市场，没有市场就没有传承。高仿并不是传承，只有深刻地理解了工艺本身的特性和内涵，沿用传统手艺做出当下社会所需求的作品，这才叫传承。"杨虾坚定地说，任何传统，都只有在创新中才能继承，才能发展，当然"我们的创新，都是在保持中有发展，融入现代追求的舒适之感，但传统的工艺不变，比如传统广式家具的制作不用钉子，而是用入榫的技法，这就一直被坚持沿用"。

深夜认真设计家具的杨虾（图片来源：《广州日报》）

2008年，广式硬木家具制作技艺被列入国家级非物质文化遗产代表性项目，杨虾也成为国家级非物质文化遗产代表性项目家具制作技艺（广式硬木家具制作技艺）传承人。作为广式家具的国家级传承人，杨虾经历了广式家具的起起伏伏，而他自己也与广式家具牵绊了70多年的时光。想来，有一件事情，能让自己一辈子都惦记着，一辈子都为之努力着，人生也足以欣慰了。

"名匠居"，是杨虾的家私店，这名字其实也代表了他一生的执念——匠心独运，让广式家具，活下来；把广式家具，传下去。

劳动精神

对一件事情保持长久的热情是一种怎样的体验？与广式家具牵绊了70多年时光的杨虾，给出了很好的答案：从闻着木屑香长大，到普通木工，再修炼成为广式家具工艺大师，干一行，爱一行，只要有这一种执念，成功就会不远。

罗昭亮：
用坚守点亮红木宫灯

> **66** 心中坚守梦想，人会活出不一样的精气神！ **99**

　　古老的红木宫灯，如何与时代同行，红木宫灯非遗传承人罗昭亮给出了答案。他不断推陈出新，运用岭南红木雕刻技艺，研制出巨型走马宫灯和微型小宫灯，将岭南红木宫灯的制作技艺水平提升到一个新的高度。

宫灯最早是用于帝王宫殿照明的，后来朝中达官贵人争相模仿，遂逐渐流传到民间。红木宫灯最初起源于我国北方的白木宫灯，这种灯只有一个架子，里面放一碗植物油，点燃灯芯后，外面糊一层纸就行了。后来有了丝绸，人们就用它取代了纸作为灯罩。再后来，广东的木雕艺人用红木精雕细琢，发明了可装可拆的红木宫灯。但又因广东气候湿热，适合虫类生存，丝绸易被虫咬，于是人们制作了磨砂玻璃灯罩，并在玻璃上作画，配在红木制作的宫灯中。明朝时期这种宫灯被拿来进贡朝廷，传到北京，受到普遍欢迎，随后各地纷纷效仿制作。

　　如今几乎没有什么人在做红木宫灯了，但工艺美术大师罗昭亮却一直在这条寂寞的路上坚定地走着，他的工厂是广东唯一一家红木宫灯制作厂。他在坚守中继承并发展了宫灯的民族特色、南北风格和技艺特点，不断推陈出新。罗昭亮研发出了从根本上改变传统宫灯结构、融入岭南红木雕刻技艺的盘龙走马宫灯，将岭南红木宫灯的制作技艺水平提升到一个新的高度。让很多人意想不到的是，罗昭亮这样全心全意地专注做宫灯，竟然是从58岁时才开始的。

散发着古朴典雅气息的红木宫灯（图片来源：《物道》）

坚守和传承红木宫灯，就算亏本亦不放弃

58岁，对很多人来说，已经是到了退休的年纪，该颐养天年了，但这个年纪的罗昭亮，却雄心勃勃地向红木宫灯这座高峰发起了挑战。当然，这一种挑战的决心，与他自小的成长经历和情怀有关。

1939年，罗昭亮出生于广州市江高镇一个装修建筑家庭。或许是受家庭的影响，他从7岁开始，便能按照书上的图画，在草纸上绘出一些简单的图案。父亲觉得他有绘画天赋，便让他跟着一些工程师和画家学设计、学画画。慢慢地，罗昭亮练就了画图纸、雕刻木头等手艺。

罗昭亮对红木宫灯的情有独钟，始于他在广州市第十中学上初中时。那时候他每天上学都会经过大南路的中华红木宫灯厂，宫灯厂的橱窗里摆放着很多宫灯，他总是为那些美丽的宫灯着迷，经常停下来观看，流连忘返。从那时起，他就生发出这样一个梦想：将来一定要用自己的双手，制作出如此美丽迷人的红木宫灯。

梦想很美好，但现实却不尽如人意。中学毕业后，罗昭亮去参军了，成为第一批建设边疆人员。后来回到广州，为了生活，他又做起摩托配件的生意。虽然罗昭亮当时并未能如小时候所愿成为一名雕刻工艺师，但是漂亮的红木宫灯，就像一个美丽的梦，一直在他的心中萦绕且挥之不去。直到1996年，这个关于红木宫灯的梦想，终于成真。

让罗昭亮圆梦的契机，是生发他这个梦想的中华红木宫灯厂倒闭了，这让对红木宫灯有着特别情结的罗昭亮甚觉可惜和心疼。1996年，已经58岁的罗昭亮，靠着之前做摩托配件生意赚的一些钱，决定承包下已经倒闭的中华红木宫灯厂。

承包中华红木宫灯厂后，罗昭亮找到曾在该厂工作的技术员

们，向他们学艺，然后开办了艺华美术工艺厂，为研制传统广式红木宫灯不遗余力。但成功开厂的喜悦，并没有带来传统红木宫灯市场的顺利发展。大多数时候，罗昭亮的工厂都是亏本的，甚至在2004年，由于亏本数额较大，他不得不卖掉两套房子，将卖房换来的钱悉数投进宫灯厂，不少亲人和朋友都替他担心，纷纷劝他改行。

虽然制作红木宫灯并不怎么赚钱，但罗昭亮压根没有想过要放弃。"我做宫灯不是为了赚钱，而是为了坚守自己的梦想，传承制作红木宫灯的手艺。"他说，"我最大的心愿是红木宫灯能'飞'入寻常百姓家。"如今，罗昭亮在家里也建起了红木宫灯作坊，儿子经过培训已成为宫灯技术员，女儿经他培训也能够专职画玻璃画。此外，他还收了一些徒弟，他们也在认真地学习宫灯技艺。罗昭亮说，他希望自己的后代能将宫灯的技术一直传承下去，子子孙孙无穷尽，要有愚公的精神，为坚守和传承红木宫灯尽自己的绵薄之力。

永远把红木宫灯当作一个新生儿

每一盏宫灯之所以看起来那么美，首先是因为它的图画之美。罗昭亮认为，宫灯的木架，只要有图纸，普通的木匠也会做，而玻璃上的图画才是宫灯的核心和真正价值所在。一个宫灯有12至24幅磨砂玻璃画，因为是走马灯，可以使人们看完一幅接着一幅，手绘的每幅画都不同，画框又是立体的，所以宫灯是一个旋转的、活动的、立体的、多画面的画组。一个宫灯是否好看，画是最关键的。他甚至还说道，卖宫灯，其实就是在卖画，是在卖一幅幅漂亮的磨砂玻璃画。

已经制作好的宫灯木架（图片来源：《物道》）

　　由于家庭影响，罗昭亮小时候就跟着父亲和叔父学习过红木结构和红木雕刻技艺，还跟随画家杨苏学习西洋画，跟随岭南画派国画大师卢子枢学习国画，并深得两位前辈的真传。虽然有几十年的绘画和雕刻技艺功底，但在玻璃上作画，对罗昭亮来说，仍是一个巨大的挑战。

　　关于宫灯灯罩的手绘磨砂玻璃画技术，美术学院至今也没有开设相关课程。没有师傅教，没有办法得到专业的训练，罗昭亮只好自己尝试和摸索。他原来是直接用油画颜料在玻璃上作画，但却会遗留下油迹，且三个月都晾不干。另外，油画颜料也会因为油性太强而不透光，宫灯的立体感根本就显现不出来。于是，他一直在努力寻找和尝试更适合在玻璃上绘画的颜料。经过长期的摸索，罗昭亮终于找到一种合适的塑料性丙烯颜料，这种颜料在空气中搁置三分钟就会风干硬化，而且用这种颜料画的画不会掉色，就算用水也洗不掉。

合适的颜料找到了，但是在玻璃上作画，却没有在宣纸上那么流畅。绘画的时候，不管使用什么颜料，只要多用一点点，画面就会不透光，还起斑渍，很难看。另外，磨砂玻璃不吸水，若用水少了，画面就会变得干巴巴，若用水多一点，画面又"化"得一塌糊涂，非常难控制。但是，经过十多年的反复研究，罗昭亮终于掌握了手绘玻璃画的一整套高超技法：首先，下笔要准，国画喜欢积厚，经常会一重山一重山地画，但这却是宫灯玻璃画的大忌，宫灯玻璃构图绝对不能重叠，一重叠，就会遮光，整个宫灯会显得昏暗，不够透亮，光也不匀称，宫灯的美也就大打折扣。其次，为了使画面通透，对上色的控制要非常花心思，上色要上得很薄，只用淡淡的色彩即可，色彩的搭配也要讲究，要能分出层次，才能显出立体效果。最后，要注意不断积累，根据生活去创新内容，一个宫灯往往要12幅磨砂玻璃画以上，且每幅画内容都不能雷同，所以，创作者必须永远把宫灯当作一个新生儿，才能创作出不雷同的玻璃画。

罗昭亮从传统红木宫灯技艺上发展出新意，他以塑料性丙烯颜料在玻璃上作画，画面通透并呈现立体效果，画中有画，不同角度有不同风景。最令人折服的是，玻璃上的题字诗句及画作，全是由反面而作，但只要一立起玻璃，一切就"活"了起来。

罗昭亮说："宫灯玻璃上的手工山水画，沿用传统中国画技法，通透的画面与灯光配合，从不同角度呈现出变化丰富的视觉效果，红木宫灯其实就是把中国的绘画、雕刻等技艺都融为一体。我一直认为，红木宫灯不是卖木（北方艺人是堆砌木通花），而是卖画，宫灯架用上乘的红木，打造出流畅的线条和宽阔的画面。玻璃画在宫灯灯光的强烈照射下，展现出美丽、通透、典雅的效果，尤其是山水画的云海飘逸，借助'砂'的特性，只要淡淡的色彩就能表现出明显的立体感，又清晰通透，做到灯不亮时画面很美，灯亮起来时画面更美。"

认真创作磨砂玻璃画的罗昭亮（图片来源：《物道》）

创新技艺，挑战两个极限：
巨型走马宫灯与微型小宫灯

　　除了绘画颇费功夫外，木雕也是影响宫灯成败的一个重要因素。龙凤头是宫灯架的基本结构，必须要用心地精雕；铲龙鳞时，如果打的龙鳞间隙不够深、斜度过大，就会没有立体感，必须先在龙首的前面直直打下去，开了轮廓，再由高处一步步斜下去，这样就会一片龙鳞搭一片龙鳞，很有立体的效果。

　　"宫灯是绘画、木雕和玻璃工艺的集合，很能代表中国传统文化，要做好它，很不容易。"罗昭亮说，为制作好红木宫灯，自己一直以来对传统的学习毫不懈怠。他曾搜遍广州的书店，只为寻觅有关红木宫灯的书籍。他还去过沈阳故宫、曲阜孔庙等地方，将宫灯的造型描摹在笔记本上。"为了追踪红木宫灯的历史及演变，我跑遍全国，了解各地的生产情况，尤其是民族特色。记得在长春市参观清朝皇帝溥仪的皇宫，宫里有鼓形子母宫灯，但里面不准照相，那怎么办呢？我只好站在宫灯下，足足站了大半个小时，细心观察，默默记忆，直到完全记住它的形态和花纹、图案，还有木雕的表现手法。"

罗昭亮在继承传统工艺的基础上还不断推陈出新，创作了款式繁多的走马灯、吊灯等。于是，各种各样的宫灯如莲花般在他手中绽放：他制作与环保主题相关的宫灯，开发出放置了竹炭、活性炭及负离子发生器的台灯和碉楼灯系列；他研发出改变传统宫灯结构、融入岭南红木雕刻技艺的"盘龙走马宫灯"；他还研制出适用于世界各国不同民族、不同节日的"百变节日灯"，把中国的传统宫灯文化推向世界，此灯荣获广州市第三届工艺美术精品展金奖……

最令人称道的是，他在创新的同时，还挑战了两个极限，研制出直径为3米的巨型走马宫灯和直径只有10厘米的微型小宫灯。尤其是巨型走马宫灯，更是迄今为止世界上最大的可拆卸宫灯，曾获广东省第三届工艺美术精品展金奖和广东省第二届民间工艺精品展金奖。该宫灯的母灯直径达3米，灯架的6条龙头木条分别悬挂4个走马子灯。这个巨大的红木宫灯由罗昭亮本人设计，并由他的徒弟们历时8个月才雕刻完成。它的雕花采用传统的龙凤图案，除了宫灯主体外，还有24个子灯和36个以红檀为材料制作的孙灯作为装饰。

在手作技艺日渐式微的今天，罗昭亮依然坚守着自己制作红木宫灯的梦想。他坚信，心中坚守梦想，人会活出不一样的精气神。

劳动精神

　　每个人的人生都会有不同的梦想，梦想是否能够开出绚烂的花，关键在于自己是否有坚定的信念。58岁的罗昭亮，雄心勃勃地向红木宫灯的高峰发起挑战，独创出巨型走马宫灯和微型小宫灯，将红木宫灯的制作技艺水平提升到一个新的高度。罗昭亮以他的成功之路，生动地证实：坚守梦想，每个人的生命都将会有无穷无尽的创造力。

曾昭鸿：
"雕虫小技"，
刻出大世界

> ❝人这一辈子，只要自己勤勤恳恳，辛勤付出汗水，终能创造出属于自己人生的独特光芒。❞

　　在小小的榄核上，雕刻了50年春秋，刻出人生的精彩世界，刻出榄雕的艺术高峰。曾昭鸿打破榄雕以浮雕为主的传统，结合岭南工艺特色练就榄雕镶嵌技术，用200颗乌榄核雕刻镶嵌了一艘"中华世纪龙"，创下广州榄核雕刻之最。

"能以径寸之木，为宫室、器皿、人物，以至鸟兽、木石，罔不因势象形，各具情态……"明代魏学洢的《核舟记》，相信很多人都听说过。在小小的桃核上，雕刻出栩栩如生的人物以及窗子、船桨、炉子、茶壶、手卷、念珠、对联、题名、篆文等，这手艺和技巧也实在是太神奇了！

而同样令人惊奇的是，国家级非物质文化遗产代表性项目核雕（广州榄雕）代表性传承人曾昭鸿，也曾用一颗小小的榄核，雕刻出《核舟记》的生动场景。

榄核雕刻，简称榄雕，以乌榄核为材精雕而成，至今已有几百年的历史。榄雕始创于广东增城新塘镇，早在明代就已盛行，并达到很高水平，到了清代榄雕更成为历年的贡品。现代广州榄雕工艺继承传统，秉承了岭南文化的风格特征，运用了镂雕、浮雕、圆雕等手法创作，造型秀丽雅致，线条流畅细腻，惟妙惟肖。

但随着时代的快速发展，榄雕这一优秀的民间工艺却日渐濒临失传，从事榄雕的匠人屈指可数，曾昭鸿便是其中的一个。

经年累月，曾昭鸿用一双辛勤之手，在小小的榄核上雕刻春秋，雕刻出一个精彩的大世界。

磨炼榄雕基本功，他经常都是最优秀的那个

1972年，曾昭鸿中学毕业，便进入了广州大新象牙工艺厂当学徒，他与榄雕的缘分就是从这时候开始的，从此这份缘也一直延续了他的一生。

厂里安排他拜当时广州最著名的榄雕艺人区宇仁为师。在师傅的指导下，曾昭鸿用了整整3年的时间苦练绘画，在榄核上雕些

简单的东西等基本功。日子虽然单调乏味，但他看着一颗颗榄核在师傅手里像变魔术般，被雕刻成一件件漂亮的作品，心中充满了神往。他一直记得师傅说的那句"雕好一枚榄核不叫好，重要的是要雕出精品"，于是他练起基本功来十分努力，对自己的要求更是严苛。

3年后曾昭鸿终于出师了，作为榄雕艺人的他这时才开始正式雕刻。曾昭鸿说，当时的雕刻程序很严格，开雕前得让技师审核画稿，每月要进行一次考核，年终还要通过考试才算合格。

勤学苦练的曾昭鸿，一点也不畏惧连续不断的考核，回忆起往年的情景，他很自豪地说："我经常都是最优秀的那个。"早在那时，他创作的榄雕作品就频频获奖：1983年《龙船》获得广州市青年发明三等奖，同时获得广州市工艺创作三等奖；1984年《四层龙船》获得广东省旅游产品、内销工艺品评比优秀产品奖……这一个个奖项，是对他所付出的努力及汗水的证明。

从化妆品厂辞职，彻底回归榄雕世界

虽然曾昭鸿对榄雕艺术投入了无尽的热情，但他没有料到现实是那么残酷。20世纪80年代中后期，厂里决定不再发展榄雕生产。厂里的从业人员越来越少，工资也极低，根本无法养家糊口。1989年，曾昭鸿也只能黯然地离开工厂。为了生存，他进了一家化妆品厂打工。

虽然当时曾昭鸿不得不"暂别"榄雕的世界，但他却时刻都惦记着榄雕艺术。他在家里为自己做了一张小小的工作台并添置了一套创作榄雕的工具。每天下班回到家后，他就一头闷进工作台，打开台灯，拿起刻刀，对着小小的榄核，一边进行创作，一边不断地琢磨榄雕的新技艺。他说，不管一天多忙多累，只要拿起小小的榄核，他的内心就是安定舒服的。

时间就在画图、挑料、钻、雕、拼接部件、打磨、上油等周而复始的步骤中，在他对榄雕精进技艺的追逐中悄悄流逝。那一件件通雕蟹笼、吊链宫灯等榄雕作品也随之跃然掌上，为他的生活带来惊喜和快乐，也更坚定了他的人生选择。

2000年，曾昭鸿做出了人生的又一次重大决定：从化妆品厂辞职，在家专门做榄雕，彻底回归榄雕的世界。他说，自己也清楚地知道，要走榄雕这条艺术之路会有多少困难和寂寞，但他更清楚地意识到，从喧哗的世界回到榄雕艺术这一宁静的世界，是一件多么有意义的事。

一个人只要有所热爱，就算要走的路是寂寞的，心中也是快乐的。曾昭鸿说，他热爱将乾坤凝缩于方寸间的榄雕艺术，相信自己的"雕虫小技"，可以刻出一个精彩的大世界。他希望能通过自己的努力，将榄雕艺术一直传承下去。

曾昭鸿的儿子曾宪鹏，是一个"80后"，也渐渐地被父亲的精神所感染，放弃时髦的电脑制图工作，投入古老的榄雕艺术中。曾宪鹏说，从事民间工艺，清贫又寂寞，但他对榄雕很有兴趣，也不愿看到父亲的榄雕技艺失传，他很享受与父亲坐在一起雕刻榄核的时光。

曾昭鸿在指导儿子曾宪鹏制作榄雕（图片来源：新华网）

从事榄雕创作，收入微薄，且工作单调辛苦。制作一个榄雕非常耗时，就是加工一颗小小的两三厘米长的榄核也能花费一天时间，有时候图案复杂一点，还得花上两三天甚至更长的时间。另外，榄核体积细小，常年雕刻对视力的伤害非常大。由于常年握刀雕刻，曾昭鸿的拇指和无名指上都凹陷了一块。

勤奋创造奇迹，成功来自努力。一心陶醉在榄雕世界的曾昭鸿，不久便开始在榄雕行业崭露头角：2003年，曾昭鸿参加了广州市首届旅游工艺品大赛，凭借《南海龙舫》获得三等奖。此件作品被一名来自我国北方地区的收藏者买下收藏，这也是曾昭鸿第一次卖出自己的作品。从那以后，他的作品开始被一些工艺品公司拿去代卖。如今，广州只要有卖榄雕的地方，总能看到曾昭鸿的作品。

独创镶嵌绝技，让榄雕更具有现代感

传统榄雕作品，大体都只是由一两颗榄核雕刻而成，最多的也就是三四颗而已。但曾昭鸿不是一个囿于传统的人。他认为，很多岭南人喜欢摆设，喜欢收藏，而如果榄雕作品只是由一个小小的榄核雕成，放在台上，要用放大镜才看得见，这样不太能很好地体现其观赏价值。他想，为什么不把榄雕做成大件，让它更具有观赏价值，更具有现代感和时尚感呢？

其实在1990年，当时还在化妆品厂工作的曾昭鸿，就已经开始琢磨着如何把榄雕做成大件观赏物了。2002年，他到增城寻找制作榄雕的乌榄。乌榄盛产于广州增城和番禺、中山等地，而增城新塘的榄核核大仁小，是最佳的榄雕材料，非常适合用来雕刻榄核船。

当时他见到了清代湛菊生的《苏东坡夜游赤壁》，这个被誉为"雕刻之王"的作品就雕刻在一颗榄核上，作品用玻璃罩住，玻璃大大的，榄雕作品却小小的，根本就看不太清，这也更坚定了他要把榄雕做成大件的想法。而要将榄雕做成大件摆设，他很清楚最关键的一点就是要进行榄雕镶嵌，把一颗颗榄雕连接在一起。

曾昭鸿寻思着独辟蹊径，孜孜不倦地摸索起榄雕镶嵌的技术。经过长期多次试验，多层花舫、通雕蟹笼、吊链宫灯、云龙花瓶等都制造出来了，从两颗榄核到几颗、十几颗，再到上百颗，曾昭鸿的镶嵌技术日臻完善。如今，他已独创出一种能把几百颗榄核镶嵌起来雕刻的方法了。

镶嵌技术和传统榄雕技术最大的不同在于，传统榄雕技术多为浮雕技术，而镶嵌技术则糅合了岭南工艺特色，用镂空、通雕等手法进行雕刻，使得榄雕的立体感更加强烈。另外，镶嵌技术的难点非常多，曾昭鸿说："比如选料难，要选择颜色几乎相近的榄核才能进行镶嵌；另外，榄核脆而无韧性，稍微大力一点都不行，所以镶嵌时，一定要沉得住气，要慢工，才能让所有榄核无缝连接，浑然一体。"

精心雕刻《中华世纪龙》，创下广州榄雕之最

"腾飞中华世纪龙，鬼斧神工岭南风。径寸刻出大世界，传承拓展新历程。"这首《榄雕》是曾昭鸿为其榄雕作品《中华世纪龙》创作的诗。大型榄雕作品《中华世纪龙》的创作历时4年，这个作品是曾昭鸿运用高超榄雕镶嵌技术的代表作，共用了200多颗乌榄核，船上雕刻了200多个神态各异的人物。

《中华世纪龙》里的龙船画舫，长约19厘米，高约9厘米，足足有六层。船上有两栋楼阁，甲板和楼阁的每一层都站满了神态各异的人，另外还有雕龙画凤的栏杆、盘旋而上的楼梯，以及如米粒大小却开合自如的窗户。船头的龙栩栩如生，船身的锁链环环相扣，楼阁屋檐上还挂着铃铛，每个精美的细节让人目不暇接。纵观整件作品，却未发现一处拼接镶嵌的痕迹，榄核之间无缝连接，浑然一体。

"这艘巴掌大的船，从构思到完工足足花费了四年时间，单把这些榄核逐个镶嵌在一起，我就用了两年多时间。"曾昭鸿解释说。曾有人出高达7位数的价格想买下这艘榄雕船，但曾昭鸿还是没舍得卖。他还在计划着做一艘更大的龙船，那是对自己的镶嵌技术一个更大的挑战。

曾昭鸿榄雕作品《中华世纪龙》（图片来源：新快网）

《中华世纪龙》创下了广州榄核雕刻之最，2007年获得广州市第三届工艺美术精品展金奖，2009年获得中国工艺美术文化创意奖银奖。此后，技艺高超的曾昭鸿创作的各类榄雕作品，相继荣获众多奖项：2010年《仿古宫灯》在广东传统工艺美术精品大展中获得金奖；2010年《凤仪盛世》在第16届亚洲运动会赛事文化活动工艺美术展览中获得金奖；2011年《镂空仿古子母宫灯》在广东省传统工艺美术精品大展中获得金奖，并被认定为广东省工艺美术精品……

从事榄雕创作，单调又寂寞，但懂得领悟寂寞的人，常常也更能体会到人生的独特景致。曾昭鸿说，他相信在寂寞中可以创造成功，在寂寞中也可以创造人生的幸福。人这一辈子，只要自己勤勤恳恳，辛勤付出汗水，终能创造出属于自己人生的独特光芒。

劳动精神

勤奋创造奇迹，成功来自努力。从事榄雕创作，单调又寂寞，但懂得领悟寂寞的人，更能懂得如何用自己的一双手，创造出人生的独特景致。

贰 / 技攀高峰

苦练技艺，迎难而上；坚守初心，勇攀高峰。

胡双钱：
从看飞机到造飞机，坚守梦想永不言弃

❝ 你要安得下心，耐得住寂寞，守得住平凡，专心爱上自己的工作，我相信任何一个努力过的人，都能成为大国工匠。**❞**

　　国产大飞机C919、ARJ21新支线飞机……中国人自己制造的大飞机终于翱翔在蓝天上。钳工胡双钱，是幕后英雄之一。40年来，他独当一面，技术精湛，经手几十万个零件，没有一次质量差错，不愧是名副其实的"航空手艺人"。

他说，一定要当一名航空技术工人，造出世界一流的飞机。

他最大的心愿，是早日看到自己参与制造的、真正属于中国人的大飞机，翱翔在蓝天上。

他，是让国产大飞机C919、ARJ21新支线飞机在蓝天上翱翔的幕后英雄之一。

他叫胡双钱，是中国商飞上海飞机制造有限公司高级技师、数控机加车间钳工组组长。

梦想当一名航空技术工人，造出世界一流的飞机

1960年，胡双钱出生在一个普通的工人家庭。这个小家庭的父母有着质朴却美好的梦想，他们希冀自己的孩子能够熟练掌握一门技术，作为将来谋生的手艺。也正是在父母的引导下，成为一名技术工人的梦想，自小便在胡双钱心里扎下了根。胡双钱小时候就特别喜欢飞机，他经常跑到上海大场机场看飞机。梦想早早地在他心中发芽，他决心"一定要当一名航空技术工人，造出世界一流的飞机"。

1977年，胡双钱中学毕业，如愿进入了5703厂技工学校（上海飞机制造厂技校）。终于可以与心中的梦想接触了，他非常努力，虚心向老师请教，苦练操作，磨炼技能。当时中国的民航业仍在起步阶段，国家的发展对民航空运提出了更高的要求，我国第一架自主研制的大型喷气式客机——运-10应运而生。在技校学习的胡双钱，跟着老师参与了运-10飞机零部件的加工生产，成为参与中国民航空运迈向自主研发的第一批人。

从技校毕业后，胡双钱被分配到当时上海飞机制造厂的飞机维

修车间，每天都可以近距离地接触飞机，他兴奋极了。他先在飞机维修小组工作，每天跑工具间来回取送不同的工具，很快就对工具的用处了如指掌；后来又到了数控车间钳工组，什么活都抢着干，技术能力也在慢慢提高。

其间，他很幸运地见证了中国在民用航空领域的第一次尝试——运-10首飞。但因种种原因，最终运-10计划搁置，厂里没活可干，不少技术人员离开了工厂。虽然也有私营企业老板给胡双钱开出了高薪，但他还是选择了为梦想坚守。这期间，工厂承接一些民用物品的生产，用以维持生计，日子虽然清苦，但他相信梦想的曙光会在前方。1985年4月，美国麦克唐纳·道格拉斯公司和上海飞机制造厂签署了生产25架MD82飞机的合同，离运-10首飞已过去5年时间，胡双钱又有机会接触飞机了，他心潮澎湃，再次全身心地投入"造梦"的工作当中去。

胡双钱坚守在上海飞机制造厂，这一干就是40年。在这40年里，他与同事一起陆续参与了麦道飞机的中美合作组装和波音、空客飞机零部件的转包生产，并抓住这些机遇练就了技术上的过硬本领。

2008年，我国启动ARJ21新支线飞机和大型客机研制项目后，中国人的大飞机梦再次被点燃。为早日看到自己参与制造的真正属于中国人的大飞机翱翔在蓝天上，胡双钱全力发挥几十年积累的技术，打磨、钻孔、抛光，每个基础的步骤他都一一细致地完成。他先后高精度、高效率地完成了ARJ21新支线飞机首批交付飞机起落架钛合金作动筒接头特制件、C919大型客机首架机壁板长桁对接接头特制件等加工任务。2017年5月5日，C919大型客机在上海浦东机场成功完成首飞。胡双钱激动地回忆说："很自豪，我当时眼眶也湿润了。"

从看飞机到造飞机，虽然也曾遭遇前路茫然的困境，但胡双钱一直都坚守着那个关于飞机的梦想，不言放弃，并抓紧时间苦练技术，为未来制造国产大飞机做准备。回想人生，胡双钱感慨地说：

"这么多年里，有人说我胆子小，握着'铁饭碗'不肯放；有人说我胆子大，运-10项目搁置了，还敢再等二十几年；也有人说我傻，放着钱不赚，还坚持在一线。其实，我自己心里最清楚，我是真心喜欢飞机。"

专注工作的胡双钱（图片来源：青年网）

用心让自己成为技术精湛的手工工匠

在造飞机的过程中，许多零件的精细化是无法完全通过数控机床、电子设备来实现的，还要靠手工担负起大飞机制造过程中不可缺少的关键一环——对重要零部件的细微调整。哪怕是科技发达的今天，这些精细活仍然只能靠手工完成。

胡双钱，绝对是中国飞机制造业上靠手工独当一面且技术精湛的工匠！在40年的从业生涯中，胡双钱先后负责过运-10飞机、MD-82飞机、波音737飞机、空客320飞机、ARJ21新支线飞机、C919大型客机等飞机型号零件的研制生产任务，经手几十万个零件，没有一个出现质量差错，被人们誉为"航空'手艺人'"。

对于这个令人震惊的纪录，胡双钱没有什么豪言壮语，只是平淡地吐出两个字：用心。他认为，飞机关乎乘客的生命，飞机零部件制造绝不能出差错，99.99％和100％之间是天壤之别，都是生与死的差别。不管做什么零件，他必定全神贯注、全力以赴，打造极致完美的产品。

胡双钱用产品质量践行对生命的尊重（图片来源：中国机床商务网）

几十年如一日，在每次工作前，胡双钱必定会先"用心"地看懂图纸，了解工艺要求和技术规范。在接收零件时，他会先按照图纸检查上一道工序是否存在不当之处，再动手加工零件。他"用心"地在废料上练习手感，对于拿不准的零件，更是找硬度类似材料的废料再度练习。哪个位置可能会断，哪个位置可能会做过头，哪个位置是难点……所有的问题就在这一次次的模拟练习中，被一一解答和处理。

经过数十年的实践积累，胡双钱还"用心"地摸索出了保证产品质量的"对比复查法"和"反向验证法"两大法宝。

"对比复查法"是胡双钱运用在划线步骤的一大法宝。划线步骤的常规做法是先在原料上涂有防锈作用的淡金水，然后使用划线液勾勒出零件形状。而在胡双钱的操作中，涂淡金水就是零件的初次划线，然后还要再用划线液勾勒一次形状。"这就好比在一张纸上先用毛笔写一个字，然后再用钢笔在同一个地方写同样一个字，多一道步骤，多一次复查机会，也就多了一道保障。"

"反向验证法"是胡双钱运用在划线工序中的另一法宝。通常钳工在给零件角度划线时，采用万能角度尺划线，待复查时，如果选择同样的方法路径，有差错也很难找到。胡双钱复查时则采用三角函数算出划线长度进行验证。结果若一致，就继续接下来的操作；结果若不一致，就说明存在问题。多加一道验算虽然增加了工作量，却保证了加工的准确性和质量。

胡双钱工作时的手部特写（图片来源：上海纪实）

对胡双钱来说，"用心"并不止于验算与复查，"用心"同样可以带来创新。有一次，在加工某定位圈时，由于零件的直径小，零件定位直口的孔径更小，而孔的深度又较大，孔径的公差要求高，通常加工完孔径的内圆后，无法对内径进行打表测量，也没有专用量具。胡双钱反复琢磨，找出了一种测量内壁尺寸的方法：用块规加上标准的圆柱销进行辅助测量，通过一次次打表测量，直到符合图纸的加工要求。最终，他圆满地完成了任务。

他"用心"去攻坚克难，"用心"去创新突破。他的一切"用心"，都是对质量的坚持和保证。正因为他强调"用心"，使得自己所在的岗位连续12年被厂里评为"质量信得过岗位"，在2002年还荣获上海最高的质量奖项——"上海市质量金奖"。

精益求精，像珍爱自己生命一样对待产品质量

"自身的工作并不是简单的零件加工，而是制造关系到千千万万乘客生命安全的航空产品。平时工作中，每想到此，就必然会严格要求自己，像珍爱自己生命一样对待产品质量。"胡双钱充满自信地说，"经过我手上的每个零件都是一个活招牌。"

"像珍爱自己生命一样对待产品质量"的胡双钱，对产品质量的精益求精是有目共睹的，乃至厂里有难件、特急件时，大家总会想到胡双钱这块能够临时"救急"的"活招牌"。一次，厂里急需一个特殊零件，从原厂调配需要几天时间，为了不耽误工期，只能用钛合金毛坯在现场临时加工。这个零件孔的精度要求是0.24毫米，这样的零件本来要靠先进的数控车床来完成，但当时厂里没有相匹配的设备。临危受命的胡双钱，硬是靠着自己的双手和一台传统的铣钻床，在连图纸都没有的情况下，用了一个多小时，打出36个孔。这场"金属雕花"结束后，零件一次性通过检验，送去安装。

他还养成了在每天睡觉前"放电影"的习惯。胡双钱说，他每天睡前都喜欢"放电影"，想想今天做了什么，有没有做好。一次，胡双钱按流程给一架修理中的大型飞机拧螺丝、上保险、安装外部零部件，晚上睡觉前回想工作，胡双钱对上保险这一环节思前想后，心里有些不踏实。凌晨3点他急忙骑着自行车赶到厂里，拆

去层层外部零部件，见保险醒目出现，一颗悬着的心才放了下来。

　　因为长期接触漆色、铝屑，胡双钱的手已经有些发青。但经他的手制造出来的零件被安装在近千架飞机上，保证飞机安全地飞往世界各地，他对此感到自豪又幸福。现在，胡双钱的工作车间还成立了"胡双钱大国工匠工作室"，他依然坚守在生产一线，并且承担着培养青年人的任务，引领他们一同去打造更多精致完美的产品。

　　对于人们夸赞他的"工匠精神"，胡双钱这样解释："在我心里，工匠精神就是不断追求和打造出精致与完美的精神。而'打造'这个词代表的就不是简单，不是短期，所以必须要有一份坚守的精神。"他还强调说："你要安得下心，耐得住寂寞，守得住平凡，专心爱上自己的工作，我相信任何一个努力过的人，都能成为大国工匠。"

劳动精神

　　成功没有诀窍，用心、专注、精益求精的"工匠精神"，是修炼个人技艺的根本。无论做什么工作，这样的"工匠精神"都必不可少。一个人，只要多付出实际行动，耐得住寂寞，守得住平凡，必定能不断提升自己，开创人生的奇迹。

资料来源：《人民日报》、中央电视台《大国工匠》节目、《中国工人》

孔祥瑞：
以岗位为课堂的
"蓝领专家"

　　"咱们工人有力量——当代工人只有有知识、有技能，才能有力量。**"**

　　从一名初中毕业生，成长为生产一线的"蓝领专家"，孔祥瑞主持开展了200多项技术创新项目，获得10多项国家专利，多次填补了我国港口系统设备接卸煤炭的技术空白，彰显出一名现代工人的自信与豪迈。

"当代工人，只有有知识、有技能，才能有力量。"40多年来，孔祥瑞以此为座右铭，坚持学习，坚持实践，坚持创新，从一名只有初中文化水平的码头工人，成长为一名知识型产业工人的优秀代表及"蓝领专家"。

不管什么时代，贡献汗水和智慧的劳动者，都是社会的中流砥柱。孔祥瑞便是其中的一个佼佼者。他先后主持开展了200多项技术创新项目，获得多项国家专利，多次填补了我国港口系统设备接卸煤炭的技术空白，为企业创造经济效益过亿元。

"全世界的门吊，我都能开！在英雄辈出的年代，工人有为。"孔祥瑞铿锵有力的话，彰显出一名现代工人的自信与豪迈。

以岗位为课堂，彰显现代工人的新本色

1972年，17岁的孔祥瑞在初中毕业后进入天津港当上了一名门吊（门式起重机）司机。他全身心地投入工作，发扬工人的优秀传统，积极上进，吃苦耐劳，任劳任怨，脏活累活总是抢着干。尤其是每当工作有"危难"的时候，他总是第一时间出现在现场，修复故障，为公司排危解难。

50℃的高温下，滚烫的热浪让人望而生畏。而孔祥瑞，却曾经冒着50℃高温，抢修主力门机长达8个小时。1999年7月的一天，天津港码头作业现场地面温度已达40℃，一台正在作业的主力门机突然短路起火，此时在烈日下曝晒了大半天的门机表面更是热得烫手，冒着浓烟的铁皮机房温度甚至已超过了50℃。当时南方五省电厂电煤告急，国务院急令抢运，情况紧急，一刻也不能耽搁。孔祥瑞心急如焚，他毫不犹豫地第一个钻进了烤箱似的机房，和5名

工友挥汗如雨地抢修，喉咙冒烟，汗水不断地流入他和工友们的眼眶、嘴中，也浸透了工装。孔祥瑞让工友们轮流出机房喘口气儿，但他自己却一直埋头在机房里不停地抢修，从下午3点直到晚上11点，整整连续干了8个小时，故障修复，装船作业恢复正常。走出机房的孔祥瑞，累得瘫坐在地上。

认真工作的孔祥瑞（图片来源：北方网）

作为一名现代工人，不仅要发扬传统工人吃苦耐劳、不怕脏不怕累的干劲和精神，还需要紧跟时代发展，让自己成为知识型和技能型的人才。"可以没有文凭，不可以没有知识。生产实践这个大课堂，照样培养人。""当代工人，只有有知识、有技能，才能有力量。"这是孔祥瑞对现代工人精气神的诠释。

40多年来，孔祥瑞一直都按照知识型、技能型的新一代工人标准，努力去要求和锻炼自己。他坚信，只要努力钻研、刻苦学习、勇于实践，普通工人同样有施展才华的空间。

为尽快地掌握从国外引进的设备的性能与操作技术，他的书包里总会装着各种有关资料。当时他家住在天津市区，到工作的港口有50多公里的路程，他每天上下班要先坐汽车，然后换乘火车，最后再换乘汽车，来回要5个多小时。他就利用上下班路上的时间，翻看和琢磨有关资料，如饥似渴地学习。每当面对新设备时，他都会第一时间找来设备说明书，一页一页地啃，不明白的查资料，不懂的找师傅们问，找同事切磋，直到把厚厚的说明书读熟读通，因此一旦操作起新设备时，他准是工人中技术最熟练的一个。更特别的是，每天工作时，他总是不忘带上笔记本，上面密密麻麻地记录着他每天发现的故障和解决故障的思路、方法。日积月累，这一本本笔记本便成为他搞技术创新的资料库和好助手。

孔祥瑞把工作岗位作为课堂，把生产实践作为教材，把设备故障作为课题，勤奋学习、不断钻研。孔祥瑞对所在岗位的各项设备了如指掌，对技术参数及要求烂熟于心，练就了"听音断病"的绝活，攻克了一个又一个技术难关：2000年，他带领队里的技术骨干解决了门机因变幅螺杆与螺母摩擦热量过大而"抱死"的技术难题，直接为公司节约资金180万元；2001年，他发明了"门机主令器星形操作法"，使门机每次作业节省15.8秒，每台门机平均每天多装卸货物480吨，当年创效1600万元；2003年，他主持的"门座式起重机中心集电器"技改项目获得国家实用新型发明专利；2007年，攻克"大型机械走行防碰撞装置"难题，创效181余万元，主持研制的"大型机械电缆防出槽技术"获国家实用新型发明专利并创效990万元……他还组织编写了全国港口第一本系统设备故障维修技术指南，对日常保养和维修的442项做法加以总结归纳，供一线工人解决"疑难杂症"，实用性强，广受欢迎。

功夫不负有心人！孔祥瑞经过自己的勤学苦练、努力钻研，成为全国闻名的"门机大王""排障能手"，赢得了"蓝领专家"的美誉。

敢闯敢干，大胆革新技术

孔祥瑞把生产现场当作课堂，把"死"知识变成了"活"知识，又把"活"知识变成了真本事。他成了能操作、会维修的顶呱呱的多面手，"孔祥瑞"这一名字，也开始与许多发明创造联系在一起。

看似普通的千斤顶，孔祥瑞却用它创新了一项焊接在大法兰盘下的新型顶生支座技术。1995年，他在天津港六公司担任固机队党支部书记、队长，掌管公司装卸生产的核心设备——18台40吨门机。有一次，12号门机发生故障，如不立即修复，将会严重影响生产。而修复门机的前提，是将重168吨的门机上盘抬起。按照常规方法，只能租用正在南海作业的海上浮吊，但要等两个月。看到码头上有那么多大型船舶在等待作业，孔祥瑞感叹道："等不起啊！"于是他和工友们决心自己动手排除故障。他凭着自己长期积累的经验，想到了一个新招儿——千斤顶。没有海吊从上面吊，就想方设法从下面顶。可这毕竟是没有先例的尝试，风险很大。他带领工友们经过反复研究，攻克了下支点因轴承旋转不易固定的难关，最后用10个单个承压30吨的千斤顶顶起168吨的门机上盘，9个小时后就使门机故障得以修复，生产得以恢复常态，并由此形成了一项新成果——新型顶生支座技术，专用于港口门机维修。

他的发明创造，甚至还被命名为"孔祥瑞操作法"。孔祥瑞发明"门机主令器星形操作法"，就是其中一个久负盛名的故事。

2001年，在天津港冲击亿吨大港的关键时期，孔祥瑞带领的操作队承担装卸2500万吨货物的任务。设备还是以往的设备，人还是以往的人，但任务量却比以往增加了近30%，这可怎么办呢？通过细心观察、认真剖析，孔祥瑞发现门机抓斗放料时，起升动作间有短暂的停顿，用秒表一测量，时间约16秒。于是他灵机一动，心想："如果把这个作业空当利用起来，不就能提高效率吗？"于是孔祥瑞立马组织技术骨干集体攻关，经过无数次研究、实验，把门机抓斗进舱打开放料与轻钩提升这两个动作合二为一，并将门机操作杆移动轨迹由"十"字形变成星形，发明了"门机主令器星形操作法"。这一项创新技术，使生产效率显著提高，门机每完成一钩作业可以节省时间15.8秒，每台门机平均每天多装卸货物480吨，全年完成装卸任务2717万吨，远远超过预定指标，当年就为公司创效达1600万元。后来，"门机主令器星形操作法"被天津市总工会命名为"孔祥瑞操作法"，成为天津市职工十大优秀操作法之一，并被正式推广到天津港各码头，成为助推港口吞吐量增长的新方法。2003年，该项发明被国家知识产权局授予实用新型发明专利，之后被全国众多生产厂家采用，取得了良好的经济效益。

工作中正在巡视现场的孔祥瑞
（图片来源：北方网）

像这样的创新故事，在孔祥瑞的事迹中数不胜数。工作几十年来，他在创造经济效益的同时，也使所在部门的机械设备使用管理迈上新台阶，达到同行业全国领先、世界一流水平。他坦言："人这一辈子只有创造更大的价值，为社会多做一些贡献，活得才有价值。"

没有完美的个人，只有优秀的团队

孔祥瑞用自己的成长和成就，证明了新时代知识型产业工人的价值。但是，"没有完美的个人，只有优秀的团队"。长期在生产第一线，天天同工友们一起，琢磨着多干点儿事的孔祥瑞，深知优秀团队在生产工作中的重要性。为了发挥团队作用，他坚持召开"诸葛亮会"，举办"员工讲堂"，组织开展"自助餐式培训""岗位练兵"等活动，以提升全体工友们的素质和技术。

2012年，天津港还成立了"孔祥瑞劳模创新工作室"。这个工作室负责难题攻关，培养后备力量。在孔祥瑞的言传身教和悉心培养下，众多青年技术工人迅速成长起来，成为"港口工匠"和技术能手。其中，维修班知识型产业工人QC小组连续获得"全国质量信得过班组"称号。

如今，早已退休的孔祥瑞，仍念念不忘天津港的发展，其奋斗创新之路也从未停歇。他说："我将继续发光发热，将工匠精神传承下去，为天津港带出更多年轻的'蓝领专家'。"

劳动精神

　　人生的起点并不重要，重要的是你有没有倾尽全力，为人生付出百分百的努力。孔祥瑞，从一名只有初中文化水平的码头工人，成长为一名知识型产业工人的代表及"蓝领专家"。如果我们也能像他一样倾尽全力，人生之路一样可以走向成功。

资料来源：《光明日报》《中华儿女》

高凤林：
给中国火箭焊"心脏"的
"金手天焊"

> ❝ 对我来说，戴上面罩，拿起焊枪，就意味着进入一种状态，必须心无杂念。❞

头戴焊接面罩，手端一把焊枪，全神贯注，给火箭"铸"心。航天特种熔融焊接工高凤林，40年来为中国火箭焊"心脏"，攻克"疑难杂症"200多项。他是精湛的"金手天焊"，让中国火箭升入太空，映亮苍穹。

头戴焊接面罩，手端一把焊枪，全神贯注，面对着眼前的火箭发动机，那也正是火箭的"心脏"。航天特种熔融焊接工高凤林，每每一亮相，便是这样一种酷酷的形象！

　　接触焊接40多年，高凤林早已成为一名技艺高超的航天特种熔融焊接工。这40多年来，他几乎都在做着同一件事，为中国火箭的发动机喷管焊接，并被冠以一个超酷的美名——"金手天焊"！

专注于手头工作的高凤林（图片来源：首都文化网）

10分钟不眨眼，苦练出来的"金手天焊"

　　1978年，18岁的高凤林考上第七机械工业部第一研究院211厂技工学校，被分配去学焊接专业。他心里很不舒服，这与他的理想有所偏差，因为他第一志愿报的是机械加工专业。

　　后来老师安排大家下厂参观，当走到第一代氩弧焊工陈继凤的车间，高凤林看到焊工师傅们在复杂的火箭发动机前熟练操作，还听到陈继凤对学生说"氩弧焊的焊接人员被称为金手银手"，当时他心里就生发出一种羡慕，觉得焊接工非常酷。这次参观改变了高凤林对焊接工的印象，他开始对焊接工作心生向往，打心底里爱上了这个专业。

1980年，技校毕业的高凤林进入第七机械工业部第一研究院211厂火箭发动机焊接车间氩弧焊组。师傅们告诉他，焊接不仅需要高超的技术，更需要细致严谨的态度，如果动作不对或呼吸太重，焊缝就不均匀了。要做一名出色的焊接工，稳定性这个基本功非常重要，因为端焊枪要稳，有时焊到精细处连呼吸都会决定焊接的成败，尤其是做某些大任务时，全身要几十个小时较着劲，更是需要超强的耐力做支撑。

高凤林从做学徒起就对自己进行了有关焊接的各方面最严苛的训练。光是为了练好稳定性这个基本功，高凤林简直都到了废寝忘食的地步：吃饭时，他边拿筷子边比画着焊接送丝的动作；喝水时，他也要端着盛满水的缸子练稳定性；休息时，他也习惯性地举着铁块练耐力；他还曾经冒着高温，不眨眼地观察铁水的流动规律……通过长期自我的严苛训练，高凤林养成了超常的自控力。有时实验练技术，需要在高温下持续操作，焊件表面温度达几百摄氏度，高凤林却咬牙坚持，双手被炙烤得鼓起一串串水泡也毫不在意。

勤学苦练，日积月累，高凤林攻克了一道又一道难关，他在火箭发动机焊接专业领域达到了常人难以企及的高度。他身上的能量渐渐地迸发出了璀璨的光华——发动机是火箭的"心脏"，而高凤林练成了最厉害的给火箭焊"心脏"的"金手天焊"，迎接着一个又一个的挑战。

2019年，他又迎接了一个新挑战——新一代大型运载火箭"长征五号"发动机焊接。"长征五号"发动机的喷管焊接难度最大，有数百根空心管线，管壁的厚度只有0.33毫米，高凤林需要通过3万多次精密的焊接操作，才能把它们编织在一起。这些细如发丝的焊缝加起来，长度达到了1600多米，每个焊点只有0.16毫米宽，完成焊接允许的时间误差仅为0.1秒。为保证这一条细窄而"漫长"的焊缝在技术指标上首尾一致，整个操作过程中高凤林必须发力精准，心平手稳，保持住焊条与母件的恰当角度，这样才能让焊液在焊缝里均匀分布，不出现气孔、沙眼，保证焊接面平整光滑。而要完美地做好这一切，在焊接时必须紧盯着微小的焊缝，时时刻刻注意每一点的变化，稍微一眨眼就会有闪失。"如果这段焊接，需要十分钟不眨眼，那就十分钟不眨眼！"十分钟不眨眼，这真是需要非一般的毅力，但高凤林坚定地说，航天制造要求"零失误"，作为一名焊接工，他每时每刻都严苛要求自己，以产品质量为王。

迎难而上，"救火"不计其数

"当看到我们生产的火箭运载着一颗颗卫星发射升空，这种自豪感无可比拟。"高凤林说。长三甲系列运载火箭、"长征五号"运载火箭的第一颗"心脏"（氢氧发动机喷管）都是在他手中诞生。40年来，他先后为140多发火箭焊接过"心脏"，攻克了航天焊接"疑难杂症"200多项，包括为16个国家和地区参与的国际项目攻坚。由此，"金手天焊"的高凤林，在业界以擅长解决"疑难杂症"著称，被誉为焊接火箭"心脏"的"中国第一人"。

高凤林能成为"金手天焊"，不仅靠的是他苦练的一手高超的焊工技术，更因为他有拼命钻研的劲头，无论面对难活重活都冲在前面；有担当，负责任，在任何困难面前永不退缩，敢闯敢试，不断创新突破，把"不可能"变为"可能"。

20世纪90年代，我国主力火箭——长三甲系列运载火箭设计的新型大推力氢氧发动机遇到了研制瓶颈：其大喷管的焊接全部焊缝长度近900米，管壁比一张纸还薄，焊枪停留0.1秒就有可能把管子烧穿或者焊漏，一旦出现烧穿和焊漏，不但大喷管会面临报废，损失百万元，而且会直接影响火箭研制的进度和发射日期。面对如此艰巨的任务，高凤林毫不犹豫地接了下来。他和同事连续昼夜奋战一个多月，每天干到腰和手臂都麻木了，晚上回家后需要用毛巾热敷才能稍微减轻一点疼痛。凭借着高超的技艺和吃苦耐劳的精神，高凤林攻克了烧穿和焊漏两大难关，将第一台大喷管成功地送上了试车台。而这一新型大推力氢氧发动机的成功应用，使我国火箭的运载能力得到大幅提升。

因为他技术过硬，富有勇于挑战和担当的精神，又在业界以擅长解决"疑难杂症"闻名，航天系统内外的单位一旦遇到解决不了的焊接难题，往往第一个想法就是找高凤林"救火"。

有一年，高凤林正在为大型火箭"长征五号"的制造攻关，厂长突然带来一个新任务：一直以来火箭发动机的泵前阀座组件产品合格率很低，随着火箭发射越来越密集，因此改进工艺和提高合格率被提上日程。高凤林马上组织班组里最强力量一起攻关试验，还专门划出了工作间，配备了设备。可是三个月过去了，没有一次试验成功。高凤林反复琢磨失败的原因，他猜想问题是出在对镀铜不均匀性的过程把握不到位。随着研究的深入，他发现这个小部件跨了太多专业，不得不去现学现用一个个知识点。最终在项目认证中，他们列出了30多个问题，并一一提出工艺方案，将问题全盘解决。2014年，高凤林携带泵前阀座组件这个项目及其他两个项目赴德国参加纽伦堡国际发明展，三个项目破天荒全部获得金奖。

诺贝尔奖得主丁肇中曾请高凤林相助"救火"

2006年11月底的一个晚上，由世界16个国家和地区参与的AMS-02暗物质与反物质探测器项目，在制造中因为低温超导磁铁的制造难题陷入了困境。来自国际和国内两批技术专家提出的方案，都没能通过美国国家航空航天局（NASA）主导的国际联盟的评审。

正当大家一筹莫展时，诺贝尔物理学奖得主丁肇中教授打听到了高凤林，请他出手相助。高凤林到达现场后，进行了一些基础性的调研考证，发现丁肇中这次组织研究的AMS-02暗物质与反物质探测器，用的是液流氦低温超导电磁装置。液流氦具有极强的渗透力，只能使用焊接的方式，但焊接会使装置变形。他冥思苦想了好几天，终于想到一个创新的设计方案：采用空间计算和工程补偿的双重方式进行整体无变形焊接。经过论证，高凤林的方案获得了国际联盟的认可。他本人也被委任以美国国家航空航天局特派专家的身份，督导该项目的实施。

高凤林帮助丁肇中教授的事，一时被传为美谈。很多人都称赞高凤林"神了"。高凤林却谦逊地说："我只是善于把知识与实际结合起来，应用性地解决问题。"

坚守焊工，学无止境

技艺高超的高凤林，曾经让很多企业闻风而动，他们试图高薪聘请高凤林，甚至还有人开出几倍工资加两套在北京的住房这一诱人的条件。高凤林坦诚地说，诱惑还是比较大的，但他仍旧拒绝了高薪和房子的诱惑，最终选择坚守在焊工的工作岗位，"每每看到我们生产的发动机把卫星送到太空，就有一种自豪感，这种自豪感是用金钱买不到的。"

在坚守焊工岗位的道路上，高凤林不断提升自己的知识层面。他说："希望我们新时代的产业工人，都能成为知识型、技能型、创新型的优秀劳动者！"在繁忙的工作之余，他花了9年时间，先后取得了机械工艺设计与制造大专文凭和计算机科学与应用专业的本科文凭，用知识武装自己，让自己成为集知识型、技能型、创新型于一体的新时代优秀劳动者。

2011年，国家人力资源和社会保障部以高凤林的名字，命名了国家级技能大师工作室。2015年，高凤林劳模创新工作室挂牌。这两个工作室已成为重要的人才培育基地。如今，除了为火箭焊接"心脏"之外，高凤林还有一个意义重大的工作，就是培养更多像他一样优秀的航天高技能人才。而在人才培养和管理办法上，高凤林也摸索出一套独创的"焊接育人法"：利用润湿和渗透效应育人，让团队成员潜移默化地相互影响；利用焊点和焊缝的关系育人，强调合力作用；利用熔池效应育人，让大家在"大熔炉"里百炼成钢。这套"焊接育人法"已在实践中得到广泛认同和应用。

正在与同伴们沟通交流的高凤林（图片来源：首都文化网）

"对我来说，戴上面罩，拿起焊枪，就意味着进入一种状态，必须心无杂念。"高凤林说。40年了，他一直坚持这种"无杂念"的状态，这是一种习惯，更是一种自豪与幸福！

劳动精神

苦练技术，迎难而上，坚守岗位，学无止境。高凤林做了一辈子的焊工，干出了惊天动地的事业。这一切关乎个人的追求和奉献，人有追求和奉献之心，必然能在劳动过程中，真正寻找到自身的价值和人生的意义。

资料来源：《人民日报》《中华儿女》《新京报》

乔素凯：
与"核"共舞，锻造大国工匠的"硬核"传奇

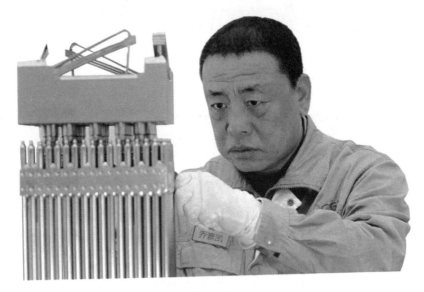

> **"**把一件平凡的事情坚持做下去，做到极致，就是一件了不起的事情，就能在奋斗新时代的大潮中建功立业，成就自我。**"**

"安全大于天！"核燃料是核电站的"心脏"，我国第一代核燃料师乔素凯，与"核"共舞26年，为核电站更换"心脏"、维修"心脏"，挥动手中4米长杆，以56 000步的"零失误"，铸造了让人惊叹的"硬核"传奇。

"4米长杆，26年，56 000步的'零失误'令人惊叹。是责任，是经验，更是他心里的'安全大于天'！他的守护，正如那池清水，平静蔚蓝！"这是2019年3月1日晚，在2018年"大国工匠年度人物"颁奖典礼上，对中国广核集团运营公司大修中心核燃料服务分部工程师、核燃料修复师乔素凯给出的一段颁奖词。

在大亚湾核电站的最深处，有一个如大海般的蔚蓝色水池，水下4米深处，是157组核燃料组件，每组核燃料组件有264根核燃料棒，威力巨大的核裂变反应就在这里发生。核电站工作的基本原理是，用铀制成的核燃料在核岛反应堆内，发生核裂变反应，产生大量的热能和饱和蒸汽。汽轮机将蒸汽的热能转化为机械能，再带动发动机旋转，电就源源不断地产生出来，并通过电网输送到四面八方。

乔素凯头戴白色帽子，身穿一套白色工作服，再戴上白手套、面罩，穿上白色厚底鞋，就这样与"核"共舞了26年，成为修复核燃料组件的世界顶级"外科医生"和守护中国核燃料的掌门人。

工作中的乔素凯，一丝不苟（图片来源：环球网）

与"核"共舞二十多年，终成一代大国工匠

　　乔素凯出生在山西省黎城县一个普通的农村家庭，父亲乔瑞廷是名军人，1974年乔瑞廷在天津陆军某师炮兵团搞武器革新试验时，不幸牺牲，当时的乔素凯还不到两岁。

　　乔素凯的父亲生前喜欢钻研琢磨，虽然父亲去世时他年纪还小，但因为家人不断地跟他讲起父亲诚实厚道、助人为乐、刻苦钻研的优良品格，因此父亲的形象自然而然地被刻进他的生命里，也成为他的骄傲和榜样。他发誓，长大以后，一定要做个像父亲一样的好"兵"。事实上，后来他的确成为一名好"兵"——我国第一代杰出核燃料师。

　　1989年，乔素凯初中毕业考上了临汾电力技校后，刻苦学习，成绩优异。毕业前，恰逢深圳大亚湾核电站来学校招聘技术工人，乔素凯经过层层考试，如愿以偿地被大亚湾核电站录取，成了一名"核电人"。

　　1992年夏天，乔素凯来到大亚湾核电站，开始在起重班组上班。汽机厂房温度特别高，往往在里面待不到10分钟，人就已经汗流浃背了，但一旦进入工作都必须一口气干完。乔素凯表现出惊人的耐心和毅力，光是为了做好汽轮机厂房吊车185吨主钩一个跟钩稳钩的动作，他就苦练了好几个月。乔素凯说，成绩不是从天上掉下来的，一个人"想要做出点成绩，必须日复一日地坚持"。

　　1993年7月，大亚湾核电站首批核燃料正式到厂，乔素凯开始从事核燃料操作工作。为了提高自己的专业水平，他不放过任何一个细节，也不放过任何一个疑问，努力研究和学习核电知识。"当时有关核电的资料都是英文版的，我看英文资料很是吃力。当时就给自己下了任务，口语可以稍微逊色点，但是看资料必须看明

白。"回忆当年，乔素凯充满了感慨。

任何问题，都难不倒"核电人"！怀着对核燃料的敬畏之心，他苦练操作技能，经过夜以继日的努力，乔素凯带领他的团队，用敬业、专注、探索、创新的工匠精神，一次又一次地战胜挑战，开拓创新。

"只要勇敢追梦，没有什么不可能成功。"与"核"共舞二十多年，乔素凯从一名技工，修炼成一名高级工程师；他主持参与的项目获得了19项国家发明专利，自己也成为大国工匠；目前全国一半以上核电机组的核燃料都是由他来操作，他的团队是国内唯一能对破损核燃料进行水下修复的专业技术团队；他的团队共为国内22台核电机组完成了120多次核燃料装卸任务，创造了连续56 000步操作"零失误"的纪录，创造了燃料操作"零失误"及换料设备"零缺陷"的成绩，堪称守护核安全的典范。

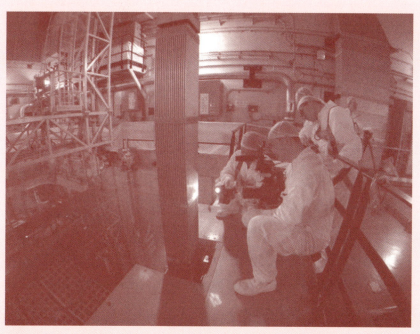

乔素凯与他的团队在认真工作（图片来源：环球网）

守护核安全，每一步操作都堪称"步步惊心"

核燃料是核电站的"心脏"，乔素凯负责的是与核燃料相关的一切工作，包括燃料接收、检测以及装卸和维修。通俗地讲，就是更换"心脏"，维修"心脏"。其中，更换、修复核燃料组件是最难的。

乔素凯带领的团队，是目前国内唯一一支能对缺陷核燃料组件进行水下修复的专业技术团队。乔素凯说，每一次修复，都是一个巨大的挑战，一次要工作8个小时，核燃料操作员不仅要集中注意力，还得不吃不喝不上厕所，这是对一个人的体能和专注力超乎寻常的严苛要求。

每隔18个月，核电站都要进行一次大修，三分之一的核燃料要被置换，同时还要对有缺陷的核燃料组件进行修复。由于核燃料棒具有很强的放射性，必须放置在含有硼酸的水池中来屏蔽辐射，因此修复的工作全部要在水下进行。修复一组核燃料组件有400多道工序，其中有200多道是不可逆转的关键点操作，看似简单的拧螺丝也是核燃料修复的关键点。一旦关键点操作失败，核燃料组件就无法入堆运行，一组核燃料组件将造成直接经济损失1000多万元。因此，其修复过程中的每一步操作都堪称"步步惊心"。

修复核燃料组件的第一步，就是打开组件的管座在水下拆除螺丝。乔素凯使用的"神器"是一根4米的长杆，伸到水下3米进行操作，把组件上管座的24颗螺丝一颗颗拧开，拔出有缺陷的核燃料棒，换上替换棒后，再将螺丝拧回去。这个操作动作对精度有非常严格的要求，乔素凯说："（拆除螺丝）完全靠人的经验和手感，稍有不慎螺丝就损坏了。"但经验丰富、技术精湛的乔素凯，却做到了用4米的长杆完成水下精确值为3.7毫米的操作。"做毫无差错的技术能手"，这是乔素凯时常挂在嘴边的话，也是他工作中恪守的准则。

"核安全高于一切"，这是他工作中恪守的另一准则。在一次大修中，乔素凯发现一组核燃料组件周围有一个若隐若现的条状异物，于是乔素凯和团队成员决定实施打捞，但当所有工作准备就绪时，却发现异物不见了。经过15个小时的排查，最终在一个角落里找到了这个异物，打捞上来一看，原来是一片指甲盖大小的塑料片。乔素凯说："大家用了很大的精力24小时倒班打捞异物，有惊无险。这一切都是值得的，'核安全大于天'，我们用实际行动保证了入堆燃料组件的安全。"

20多年来，他带领队伍成功修复了国内多个核电站的破损燃料组件。"修复一根破损的核燃料棒是最难的、风险最大的任务，还有生命危险。目前，在全国能够完成这个任务的只有我所带领的团队。"乔素凯自豪地说。

勇闯难关，打破国内技术空白

我国商用核电站建设起步较晚，大亚湾核电站的技术、设备全靠从国外引进，建设运营初期也离不开引进设备国技术人员的支持，核电站换料设备维修更是一直依赖于外国专家。

水下摄像设备是对核燃料进行监控的重要设备，但长期以来这项设备的技术被外国垄断，该设备都是从国外购买，存在价格高、供货周期长等问题。如果摄像设备出问题还得请外国技术员来维修，从他们上飞机起就开始以小时为单位计时收费，直到修复好回到国内下飞机才算结束，维修费用巨大。

乔素凯心想："为什么我们自己不能研发工具和设备，开展维修呢？自己来搞研发，中国人是能行的。"于是他主动跟领导请缨，并带着自己的团队和国内有关科研院所一起进行研发，经过7年的攻关，终于在2009年成功研发出耐高辐照的光导管摄像机。它的价格仅仅是国外产品的一半，而且供货周期短，售后服务好，如果头一天晚上摄像设备出现问题，售后维修人员第二天上午就能赶到核电站进行维修。

20多年来，乔素凯一直致力于换料设备的维修及换料操作、燃料组件专项视频检测与分析、燃料组件修复、堆芯换料装载技术优化、换料专用设备国产化研发等领域研究。2018年，乔素凯历经10年完成的"世纪工程"核燃料组件水下整体修复项目一次实验成功，是国内第一套也是唯一一套核燃料组件水下整体修复设备，该设备的技术路线优于国内外通用修复模式，填补了国内在压水堆核电站乏燃料组件水下整体修复领域的空白，而全部的技术都掌握在中国人自己手中。

乔素凯用一颗精益求精的匠心不断探索，勇闯难关，他主持参与的项目打破国内技术空白，使中国核技术实现了从依靠外国引进到技术自主研发、设备国产化的转变。对于自己的奋斗与所取得的成功，乔素凯总结说："把一件平凡的事情坚持做下去，做到极致，就是一件了不起的事情，就能在奋斗新时代的大潮中建功立业，成就自我。"

劳 动 精 神

把一件平凡的事情坚持做下去，就能做到极致。

在这个过程，需要敬业、专注、探索、创新的工匠精神，还需要一颗勇闯难关的雄心。

资料来源：《山西晚报》《长治日报》

管延安：
60多万颗"零失误"，"深海钳工"以小螺丝成就"世界奇迹"

> **"** 工匠精神就像拧螺丝，只有把每一颗螺丝都拧得严丝合缝，做到极致，才能达到心中的完美。**"**

5年，60多万颗螺丝，拧得严丝合缝，操作"零失误"。钳工管延安，投身"新世界七大奇迹"港珠澳大桥的建设，以骄人的高精准操作绝技，在深海中一举创造了60多万颗螺丝安装接缝零毫米的成功奇迹。"深海钳工第一人"的称号，他当之无愧。

港珠澳大桥连接珠海、澳门和香港，是迄今为止世界上最长、施工难度最大的跨海大桥，被英国《卫报》评为"新世界七大奇迹"之一。工程中最大的挑战就是在茫茫大海中修建一条全长5.6千米的外海沉管隧道。该海底隧道由33节巨型沉管在海底一一对接而成，其长度、规模、施工工艺都是我国首次尝试。其中，一节沉管长180米，宽38米，高11.4米，重量近8万吨，这么重的东西下沉到四五十米的深海中与另一根对接，接缝处间隙误差要小于1毫米，否则将对工程带来潜在的隐患，可以说是"海底绣花"，其难度可想而知。

　　钳工管延安与团队成员一起用高超的技艺和精益求精的工作态度，让沉管隧道在深海里"滴水不漏"，锻造出建筑行业"中国造"的钻石品质。他也因精湛的操作技艺，被誉为中国"深海钳工第一人"。

管延安的专注、认真铸就高品质
（图片来源：搜狐网）

1毫米间见"匠心"，60多万颗螺丝"零失误"

2013年初，管延安通过选拔，来到中交港珠澳大桥岛隧工程V工区航修队，参与港珠澳大桥的建设。他在工程中负责5.6千米海底沉管舾装、管内压载水系统安装等工作，以确保33节沉管完成高密度的精确对接。

虽然此前他曾参与过国内最大集装箱中转港——前湾港、世界三大救生艇企业之一——青岛北海船厂等大型工程建设，有丰富的工程建设经验，但是港珠澳大桥所采用的大量高科技、新工艺，以及120年使用寿命的高质量要求，对他来说是一种全新的挑战。因此，他仍然虚心学习，不断积累经验，使自己的技艺精益求精。他还索性把宿舍搬到设备仓库附近，从早到晚地抓紧时间练习。

由于海底隧道完全封闭，大型机械无法进入，沉管对接时只能依靠事先安装好的各种操作设备。管延安其中一项很重要的工作就是负责安装沉管阀门的螺丝。如果在陆地作业，只要拧紧螺丝就够了。但要在深海中完成两节沉管的精准对接，确保隧道不渗水不漏水，难处在于沉管接缝处的间隙必须小于1毫米。1毫米的间隙，根本无法用肉眼判断，只能凭借手感操作。为了找到这种感觉，他拧螺丝时从不戴手套，以至双手布满了老茧。凭着对技术和质量精益求精的工作态度，通过无数次拆卸，管延安练就了骄人的高精准绝技，实现了安装接缝零毫米的奇迹：用左右手拧螺丝，凭着手上的感觉，均能达到误差不超过1毫米的水平。

同时经过一次次的操作，管延安甚至还练就了"听感"，通过敲击螺丝，从金属碰撞发出的声音，就能判断装配是否合乎标准。他说："螺丝拧得紧的时候，敲击沉管发出的声音是均匀的，像敲击瓷器一样清脆；如果太松，就会发出'噗噗'的声音。"

从2013年港珠澳大桥完成第一次海底隧道的施工，到2017年港珠澳大桥工程全线贯通，在这几年的建设过程中，管延安和他的团队顺利地安装了33节巨型沉管，每节沉管上要拧两万多颗螺丝，算下来总共拧了60多万颗螺丝，并且他们做到了60多万颗螺丝皆严丝合缝，操作"零失误"，实现了安装接缝零毫米的奇迹，为港珠澳大桥的成功建设提供了保障。

凭着高超的技艺和精益求精的匠心，管延安和工友们确保了世界首条外海沉管隧道的"滴水不漏"。管延安从此也赢得了中国"深海钳工第一人"的美誉。

管延安在高温环境下工作着 （图片来源：北方网）

专注敬业，铸造完美

管延安认为，任何环节都一定要做到极致，专注敬业，这才是成功的关键所在。管延安也是一直这么要求自己以及并肩战斗的工友。敬业、专注、较真，是工友们对管延安的评价。

在参与港珠澳大桥建设期间，管延安对工作有着一股不同寻常的专注精神。管延安说："为了达到零缝隙对接，每次安装时，我带着工友们顶着巨大的压力，配合测量队的队员们，从早上六点一直干到晚上十二点，但大家没有一个人叫苦叫累。"未开通的隧道闷热潮湿，而且空气不流通，每次沉管安装成功后，他都要下去对设备进行拆除并送回牛头岛进行维修检测，确保一切顺利进行。当时有一段路工具车不能通过，为了不耽误施工进度，他二话不说，背着拆除的沉重设备来回跑，一跑就是好几天，但从没说过累。

在危急时刻，爱岗敬业的管延安，总是冲在最前头。在第15节沉管第三次浮运安装期间，管内压载水系统突发故障，水箱不能进水，沉管安装只能暂停，必须安排人员进入半浮在海中的沉管内进行维修。浮在水上的沉管犹如一个巨大的混凝土箱子，除了一个直径为一米多的人孔，没有其他的换气通道，内部湿度达95%以上，又闷又湿。紧急时刻，管延安带领班组人员快速地开启人孔盖板进行检修。从打开密封的人孔盖板进入管内检修、排除故障，到完成人孔盖板密封，全程不超过3个小时，其效率之高令人惊叹。管延安说："这都得益于之前无数次的认真演练。我们在每节沉管沉放前都要做至少3次演练，这是第15节沉管，之前完成了至少45次演练。"管延安面对突发情况能够快速应对，以精湛技术迅速解决难题，无疑都得益于他平常对工作的认真态度和举一反三练就的高超本领。

管延安常常挂在嘴边的话就是"再检查一遍"，反复检查是他强调得最多的问题。他自己拧一颗螺丝都要检查三遍。他说："我认认真真、仔仔细细、不厌其烦地从第1节沉管到最后的第33节沉管，从拧过的第1颗螺丝到最后的第60多万颗螺丝，在每一件设备、每一颗螺丝安装完后，都坚持做到反复检查3~5遍才放心。"

管延安认为，工匠精神就像拧螺丝，只有把每一颗螺丝都拧得严丝合缝，做到极致，才能达到心中的完美。而也正是这种追求极致的态度、不厌其烦地重复检查的工匠精神，才成就了港珠澳大桥这一世纪工程的高品质。

锤子敲击发出的声音，是世界上最美妙的音乐

不积跬步，无以至千里。管延安之所以能成为一个拥有超群技术和卓越工作能力的钳工，是因为他20多年来用心做好每一份工作，始终保持勤学苦练的学习状态和严谨认真的态度。

管延安1977年出生于山东青岛，1995年中学毕业后，便想着要出来学点手艺，他觉得有一门技艺傍身，人生才会有奋进的方向。后来，管延安进入青岛一家航修厂，开始跟着师傅学习钳工技术。干钳工很累，但管延安秉承"干一行，爱一行，钻一行"的朴实信条，一边专注地跟师傅学艺，遇到不懂的就请教，一边抓紧闲暇时间看书学习，查找资料，储备知识能量。经过多年的勤学苦练，踏实认真的管延安，慢慢地练就了一身过硬技术，不但精通錾、削、钻、铰、攻、套、铆、磨、矫正、弯形等各门钳工工艺，而且对电器安装调试、设备维修也是得心应手。

在学艺经历中，有一件事给他留下了深刻印象。管延安回忆说，那是在1996年，他刚开始跟师傅学习电机维修，有一次遇到一个发电机常见的故障维修，师傅让他动手修理，他胸有成竹地修好后，并没有进行检查，结果发电机刚装上就又烧坏了。虽然师傅并未责骂他，但他仍感觉很羞愧，如果自己能在修理后认真检查一遍，完全可以避免这次事故的发生。这件事让他意识到每一次工作

中保持严谨认真的态度是多么重要。自此，他的头脑里时刻谨记这么一个教训，每次维修后的机器在送走前，他至少要检查三遍。

给修理过的每一台机器和每一个零件写修理日志，建立档案，是管延安一直保持着的另一个好习惯。在管延安的修理日志中，对每个经他之手维修的机器和零件不仅有详细的笔记记录，还配有生动的图解，内容包括遇到的问题是什么、当时是怎么处理的等。在参与港珠澳大桥建设期间，他同样制作了"图解档案"，其中的几本还被收录进港珠澳大桥沉管预制博物馆。一本本修理日志上记录下各类问题与他的思考，仿如一部部"宝典"，令他的工作如虎添翼。

正是在这样严谨认真的工作态度和勤奋好学的努力付出中，只有初中文化水平的管延安，成长为我国"深海钳工第一人"。2017年港珠澳大桥建成通车后，管延安回到位于青岛的中交第一航务工程局第二工程有限公司，公司专门成立了"大国工匠管延安创新工作室"，他作为领衔人，带领工作室人员马不停蹄地从事沉管、船舶研究。

20多年的钳工生涯，管延安一直勤勤恳恳地把钳工当作自己的事业。他说："我平时最喜欢听的，就是锤子敲击发出的声音。"这声音，对他而言，一直都是世界上最难舍、最美妙的音乐。

劳动精神

　　"再检查一遍！""至少要检查三遍！"管延安以不畏艰难的坚定信念和执着精神，练就了高超的技艺，让海底隧道成为他实现人生梦想的平台。成功没有什么捷径，说到底，技艺是"练"出来的，信念也是"练"出来的。这正应了那句古话——"不积跬步，无以至千里"。

资料来源：《经济日报》《南方》

叁 / 开创新天

成功没有定式，相信自己，向着梦想，努力开创新天。

梁昆浩：
"鬼才建筑师"，
以建筑展示"中国功夫"

> ❝ 作为一个土生土长的顺德人，能够通过作品见证顺德的变迁，是一件幸福的事情。❞

　　"鬼才建筑师"梁昆浩，以建筑展示"中国功夫"。顺德彩虹桥、顺德梁銶琚图书馆、顺峰山公园大牌坊……一座座耀眼的顺德建筑地标，拔地而起。"顺德地标之父"，名副其实。

建筑，是一座城市的记忆，更是一座城市的表达，它见证着这座城市的时代变迁，也承载着这座城市的光荣与梦想。

在中国建筑设计界，有一位被称为"鬼才"的顺德籍建筑设计师，在他60年的建筑设计生涯中，其自主设计或主持设计的项目达1000多个，总投资超过1000亿元，顺德很多标志性建筑就出自他的手。他是新中国建筑设计作品最早走出国门的建筑设计师之一，由他设计的巴黎"中国城"被联合国教科文组织确定为世界重点文物保护区。

他的名字，叫梁昆浩。

中国功夫巨星李小龙蜚声海内外，其祖籍也在顺德。

而在改革开放后，被誉为"鬼才建筑师"的顺德人梁昆浩，则以建筑来展示"中国功夫"。

自学成才，从"水泥仔"成长为建筑师

1944年，梁昆浩出生于顺德勒流占元坊。1957年，梁昆浩从勒流小学毕业后，以优异的成绩考取顺德一中，但因交不起学费，只好辍学。年仅13岁的他，到建筑工地上做起了"水泥仔"。做建筑工很辛苦，却也让梁昆浩得到了很好的磨炼。

1958年，顺德人民礼堂工程开始建设，这项工程的负责人就是他的父亲梁腾，梁昆浩也有幸参与了这个工程的建设。这座高25米、净空跨度55米、建筑面积约15 000平方米的顺德人民礼堂，没有用到任何施工机械，只靠1000多人肩扛手推，仅仅用了9个月的时间，就竣工了，成了当时全国规模最大的县级礼堂，也成为建筑界的一个奇迹。作为其中一名建筑工人，能够参与一项这么大的建

筑工程，梁昆浩感到很自豪。

经历了顺德人民礼堂的建设后，梁昆浩深深地感受到建造宏伟建筑所带来的荣誉感。从那时起，他确定了自己关于建筑的梦想，重新燃起了求知的渴望。

俗话说"条条大路通罗马"，辍学后没有机会再进入学校课堂，梁昆浩就选择走自学成才之路。每天只要有一点工作间隙，他都会抓紧时间废寝忘食地学习，从中学的语文、数学到绘图、设计，从自学到函授……1987年他还荣获广东省职工自学成才奖。几十年如一日，通过自己的一步步努力，当年的"水泥仔"终于崭露头角，成长为一名出色的建筑师。

1979年，梁昆浩担任珠海宾馆总设计师；1987年4月，梁昆浩主持设计巴黎"中国城"；1985年至1987年梁昆浩主持设计了顺德仙泉酒店、凤城酒店、顺德旅游贸易中心等多个建设项目，在珠三角等地区引起极大关注，这也成为顺德对外交流发展的重要见证。

顺德仙泉酒店（图片来源：顺德城市网）

梁昆浩最擅长岭南风格的创作，其设计的作品集"雄、奇、伟、幽、秀、旷"于一身，既传承了古典文化，又融合了现代设计，在保持大气风格的同时，也体现出了难得的设计师的细致情怀。梁昆浩所有的代表作品中，几乎都传承与融入了明代造园大师计成在《园冶》中的理念："造园无格，必须巧于因借，精在体宜。虽由人作，宛自天开。"追求天人合一，造园因宜。

"知识改变命运，学习成就未来。"梁昆浩的求知经历很生动地证明了这一句话。他历尽艰辛自学成才，成就了自己的建筑设计事业，书写着属于自己的别样传奇。

大胆地尝试，用普通建材打造不普通建筑

珠海宾馆是梁昆浩的代表作之一，也是改革开放后第一座岭南建筑风格的庭院式宾馆。

从1979年开始筹建，珠海宾馆于1983年完全建成投入使用。当时梁昆浩担任珠海宾馆的总设计师，尽管在建设珠海宾馆之前，梁昆浩就已经有了诸多建筑设计经验，但梁昆浩始终把珠海宾馆当成自己设计生涯的第一件正式代表作品，始终把珠海宾馆排在自己职业生涯的第一位。

梁昆浩称珠海宾馆为"划时代的建筑"，极具历史意义，"这是一次大胆的尝试"。由于要担负珠海对外接待以及经济交流的重任，背靠石景山风景区的珠海宾馆，不仅要因地制宜、依山而建，其设计也要符合内外交流、经济发展、旅游休闲等的需求，必须打破常规的设计构思。

由于不能遮挡石景山的自然景观，珠海宾馆建筑高度统一不超

过四层。梁昆浩在设计中采取"随机因借，构图成景"的理念，让整个园林契合高低起伏的地形，移步易景，将中国古代园林中的"四维时空观"表现得淋漓尽致。青山奇石、湖光山色，相映成趣；亭台楼榭、碧水飞瀑，美不胜收。古典建筑风格与现代宾馆设施融合，构成了一道独特的城市风景线。

回想起当年建设珠海宾馆的过程，梁昆浩说，当时建设的环境很辛苦，但大家都有一股拼劲儿，一起住工棚，一起吃大锅饭。当时遇到的困难也很多，由于建设的资金十分有限，那时用的建材除了窗户是国外进口的，其余都是普通的材料。此外作品设计里所要求呈现的岭南庭院艺术风格，需要有浮雕工艺，但是如果购买石材、木材或者陶瓷贴片，建筑成本就会上升。为了节省资金，梁昆浩根据自己多年的泥水瓦工实践经验，大胆地采用水泥制成"水泥纹样浮雕"预制贴片，在公共建筑物的檐口及宾馆的廊柱上大量使用。水泥本色，类似民间传统的砖雕、灰雕，这样普通的建材却建出了不普通的建筑。正因为梁昆浩的大胆革新，才使得这座按照高标准建设的四星级宾馆造价远远低于同行的类似建筑，但质量却远远高于国家标准。1984年，珠海宾馆荣获"国家质量银质奖""全国优秀设计奖"。

打造"中华第一牌坊"，成就顺德最耀眼的建筑地标

作为顺德勒流人，梁昆浩为自己成长和生活的这片土地，饱含激情、倾尽全力地设计了众多完美的建筑作品：凤城酒店旋转餐厅、顺德梁銶琚图书馆、顺峰山公园大牌坊、顺德仙泉酒店等。其中很多作品都成为顺德耀眼的建筑地标，他本人也被誉为"顺德地

标之父"。

梁昆浩说："从改革开放前的农业建筑，到顺德开始经济腾飞时期的工业建筑，再到如今的现代建筑，作为一名土生土长的顺德人，能够通过作品见证顺德的历史变迁，是一件幸福的事情。"

在梁昆浩设计的顺德建筑地标中，尤其为人称道的是被誉为"中华第一牌坊"的顺峰山公园大牌坊，这不仅是梁昆浩的重磅代表作，更是顺德至今最具影响力的地标之一。

顺峰山公园大牌坊位于顺峰山公园入口。顺峰山公园是"顺德新十景"之一，于1999年开始兴建，2004年正式向社会开放。梁昆浩说，顺峰山公园是顺德新旧城区衔接的卡口位置，以青云湖区、桂畔湖区、青云塔、旧寨塔为轴线，利用自然空间布局，依山势和河道走向，构建自然与人文景观格局。

"中华第一牌坊"顺峰山公园大牌坊（图片来源：顺德城市网）

顺峰山公园大牌坊，为雄伟的三跨式中式牌坊，整座牌坊宽88米，总高度38米，主跨35米，重1.5万吨，牌坊正反面拱门之间有16条由大理石雕琢而成的龙柱，每一条龙柱表面都刻有3条舞动的龙。最神奇的是，每一条重25吨的龙柱，均打通为空心，再采用在中间放置钢管用螺丝拧紧的创新方法，使所有龙柱倒挂，呈现出凌空而下的气势。其规模之宏大、造型之雄伟、图案之华丽、工艺之精湛，均为国内外所罕见，因此享有"中华第一牌坊"的美誉，也成为各地游客来顺德的打卡之地之一。

2003年中秋节，梁昆浩趁着中秋月明夜，来到青云湖畔，禁不住赋诗一首——

> 坐观顺峰山，苍花彩云间。
>
> 水上明月出，清波追逐还。
>
> 楼阁娇嫣在，玉桥丰月弯。
>
> 门楼高百尺，极目超仙凡。

此情此景此地，他望着自己设计的"中华第一牌坊"，一种深沉而博大的情怀油然而生……

以建筑展示"中国功夫"的梁昆浩，将毕生心血融入中国古建筑与现代建筑设计的研究，将当代中国民族风格与世界时尚融合，不愧是"别样"的草根建筑大师。

劳动精神

条条大路通罗马，成功没有定式。在从"水泥仔"成长为建筑师的过程中，梦想、坚定、求知、恒心，一个都不能少。相信自己，倾尽全力，沿着梦想坚定不移地走下去，成功就在不远的前方。

资料来源：顺德城市网、《梁昆浩，别样大师的传奇》

邓铁涛：
振兴中医，倾情一生

> 要做'铁杆中医'，要努力做一辈子中医，把中医发展到全世界去。

为中医，倾尽一生！首届"国医大师"邓铁涛，仁心仁术，治病救人。他87岁临危受命，查找非典"元凶"，让中医成功地为非典的防治贡献力量。他以一生的医德品格，践行着"养生先养心，养心必先养德"的生命情怀。

"我是为中医而生的人！""国医大师"邓铁涛，斩钉截铁地说。

从幼时眼见父亲悬壶济世，到后来走上中医求学之路，再到为中医学教育发展奔走呼告，历经80多个春秋，邓铁涛为中医学的发展呕心沥血，他始终怀抱着一个中医梦，并为这个中医梦倾尽一生。

受家庭影响，立志将振兴中医当成一生的追求

邓铁涛出生于中医家庭，自幼受家庭影响，立志继承父业。1932年，他考入广东中医药专门学校（广州中医药大学前身）深造，学医五年，熟读《内经》《难经》《伤寒论》《金匮要略》等古典医籍，打下了良好的中医学理论基础。

邓铁涛说，理论上有所收益，对于自己来说只是收获了一半，更重要的是实践。他深知，指导不了实践的理论、实践证明不了的理论，都是空头理论，或者说只是"设想"而已。因此早在读书时，他就经常自找实习门路，前后跟随了几位不同派别、不同专长的老前辈实习，且颇有收获。

通过长期的学习、跟师、临证，加上在学习和实践中积累的宝贵知识及丰富经验，他深深地体会到中医这座宝库治病救人的巨大能量。他在从事中医教育工作的过程中，从未中断过临证治病，教学与实践相长，最大限度地发挥中医的作用。"中医的疗效不是在书堆里推敲出来的，而要结合临床，在临床的摸爬滚打中体会其精髓，学以致用。"邓铁涛说，读书、思考、临床三结合，重视临床，达到中医理论与临床实践之间的不断循环、螺旋上升，才能实

现大发展、大突破。

在长达80余年的医疗教学与科研生涯中，邓铁涛以中医为中心开展研究、不断创新，积累了丰富的临床诊疗经验，取得了一系列令人瞩目的成就，对我国中医药事业的发展做出了重大贡献：1992年，他凭"脾虚重症肌无力的临床和实验研究"获国家科技进步二等奖；2003年获中华中医药学会"中医药抗击非典特殊贡献奖"；2006年获中华中医药学会"首届中医药传承特别贡献奖"；2009年获"中华中医药学会终身成就奖"，他的"中医五脏相关理论基础与应用研究"获广东省科学技术一等奖；2012年获国家中医药管理局"中国中医药年鉴"工作特别贡献奖等。2017年获首届北京中医药大学岐黄奖时，他宣布将100万元奖金用于治疗重症肌无力和心血管病的研究。

邓铁涛手书"为振兴中医而奋斗"（图片来源：搜狐网）

"要做'铁杆中医'，要努力做一辈子中医，把中医发展到全世界去。"这是邓铁涛常常对学生说的一句话，并且他在自己的一生中也是这么做的。从少年时期开始，他就时时刻刻将振兴中医当成一生的追求，直至头发花白，依然奋战在一线。在87岁那年他被国家中医药管理局聘为"抗非"专家顾问组组长，89岁高龄时他出任国家重点基础研究发展计划（973计划）中医专项"中医基础理论整理与创新研究"项目首席科学家……

邓铁涛还从现代人的体质状况出发，结合其80余年的医术沉淀及中医养生之道，根据传统中医理论和"君臣佐使"方剂配伍原则，研制出适合现代人体质的凉茶秘方。后来此秘方在他学生的帮助下，从幕后走上了市场的前端，加工成人们日常饮用的养生凉茶"邓老凉茶"。凉茶作为首批国家级非物质文化遗产，使中医在日常生活中继续发扬光大。

87岁临危受命，查找非典"元凶"

2003年，非典型肺炎（简称"非典"，英文名SARS）暴发，时年87岁的广州中医药大学终身教授、中医泰斗邓铁涛临危受命，担任国家中医专家组组长。

当时，对于非典的致病"元凶"，人们一时难有定论。邓铁涛勇敢而自信地站出来说，非典是温病的一种，中医治疗温病历史悠久，用中医药可以治好非典。随后，他带领团队撰写中医防治非典的文章《论中医诊治"非典"》，并把诊治的典型病案也附在后面。这是当时我国发表的第一篇中医治疗非典的文章，为中医药防治非典提供指导，影响巨大。最终，中医也成功地为非典的防治贡献力量。

非典时期，邓铁涛所在的广州中医药大学第一附属医院共收治了58例病人，取得了"三个零"的成绩：病人"零转院"，病人"零死亡"，医务人员"零感染"。

医者应怀有仁心，每一个生命都是宝贵的

80多年来，邓铁涛治好了很多疑难杂症，其中对于重症肌无力，他提出从补脾健胃着手，为治疗这一世界难题提供了中医方案。他带领广州中医药大学第一附属医院团队成功抢救重症肌无力危象患者过百人，其间发生很多感人的故事，生动地彰显出邓铁涛作为一名医者的仁爱情怀。

2003年4月，12岁的湖南男孩林林罹患重症肌无力。林林的父母为了给他治病，变卖房产筹到一笔钱，并辗转来到广州中医药大学第一附属医院找邓铁涛求医。

经过5天的治疗，林林的病情虽然有好转，但是治病的钱已花光。4月17日，绝望的父母冲入ICU（重症加强护理病房），准备放弃治疗，他们拔下了林林身上的呼吸机套管和氧管，12岁的孩子命悬一线。听到此消息后，邓铁涛第一时间赶到ICU，下指挥说"重上呼吸机，费用我先垫"。邓铁涛一边安慰林林的父母说，如果孩子治疗得当还是有希望的，一边还拿出5000元，叮嘱ICU护士长："快到营养室买鼻饲食物，要保证每天所需能量，有胃气才有生机。"随后，他还再三嘱咐医护人员要加强护理。经过连续的系统治疗，林林的病情一天天好转，终于得救了，他们一家激动得眼眶湿润，感恩之情无以言表。

邓铁涛不仅用高明的医术为患者解除身体上的痛苦，还尽己所能从精神上、经济上提供帮助。他说，作为医者，要以仁爱为怀，

因为"每一个生命都是宝贵的，我们不能轻言放弃"。他甚至还在遗嘱里留下这样一句感人的话："我能留给儿孙最大的遗产为仁心仁术，全心全意为人民服务。"

邓铁涛和同事在巡视病房（图片来源：搜狐网）

养生先养心，养心必先养德

中医向来讲究养生。邓铁涛作为一名专攻中医的"国医大师"，自然有很多人向他请教如何养生。而每当遇到有人请教养生秘诀时，邓铁涛都会强调说："养生先养心，养心必先养德。"

"养德"最为重要，这是"养生之根"。在邓铁涛看来，在精神上养生比在物质上养生更重要。他认为，高尚的道德情操可使人心胸豁达、心态平和，从而让人体气机调和、气血畅达，提高人体的免疫功能，延年益寿。所以，人一定"要向上看，不要向上争。比上不足，比下有余，知足常乐，常不乐怎能长命？"

心，是"一身之主"。"养心"，让心强健，人体各脏腑才能健康，调神即养心。邓铁涛主张"以动促静"。静心、静坐可以使全身放松，促进机体自我修复。

养生要注意养脾胃和养肾。关于养脾胃，邓铁涛建议多吃新鲜蔬菜和水果，饮食有节，食不过饱，七分饱即可。他还推崇"杂食"，食物宜杂不宜偏，要尽可能吸收丰富的微量元素。养肾要注意晒太阳，早上晒太阳有助于活血化瘀，傍晚晒太阳有助于补钙。此外还要注重锻炼身体，午间散步有利于采阳助肾，邓铁涛每天下午定时散步，早上必练八段锦，坚持了几十年。

倡导"养生先养心，养心必先养德"的邓铁涛，享年104岁。他以一生的医德品格，实现了心胸豁达、延年益寿的生命华章。

劳动精神

历经80多年光阴，邓铁涛一直将振兴中医当成一生的追求。医者仁心，高尚的道德情操让人的一生心胸豁达。如果多一点仁爱之心，多多强身健体，每个人的生命一定会更富张力。

资料来源：金羊网、《万里云天万里路》

郑文泰：
把荒山打造成花园的
"护绿"逐梦人

> ❝ 这是我的原则，只要下定决心要做的事，我一定会尽全力做到最好。❞

　　从印度尼西亚归来，深入海南兴隆，"护绿"逐梦人郑文泰，历经近30年春秋，把荒山弃林逐步打造成拥有百万株树木的兴隆热带花园。2019年1月，他荣获"2018'侨鑫杯'全球华侨华人年度人物"称号，这是对他和他的绿色生态梦的充分肯定。

兴隆热带花园，弯弯曲曲的小径上，缓缓走来一位老先生。他头戴鸭舌帽，脚穿人字拖，精神矍铄。

花园里的人说，这就是创建兴隆热带花园的郑文泰先生，大家都亲切地叫他"老爷子"，因为他很随和，完全没有架子。

这个"老爷子"，可厉害啦！且看这一段激扬感人的文字："商海转身，名利已是往日云烟；深山扎根，只为守护山间草木。二十六载栉风沐雨，时光花白了鬓发，辛劳染绿了荒野。花香、虫鸣、树荫，他用汗水编织一个绿色的梦。"这正是郑文泰荣获"2018'侨鑫杯'全球华侨华人年度人物"称号时的颁奖词。

编织一个绿色的梦，从青春勃发到鬓发花白，二十六年的光阴，他一直都是那个雄心勃勃，执着地把荒山变成花园的"护绿"逐梦人。

闯荡海南兴隆，绘就热带植物花园的蓝图

1960年，郑文泰作为一名自小就有闯荡远方梦想的15岁少年，放弃了养尊处优的生活，从印度尼西亚回到了祖国，并很快进入北京华侨补校（今北京中国语言文化学校）学习。毕业后，年仅19岁的郑文泰，带着好奇与探索，踏上了海南万宁兴隆华侨农场这片热土，开启了人生新的求知与探索篇章。

农场的生活很艰苦，但求知欲强的郑文泰，一边工作一边在华侨大学热带亚热带作物系进行热带植物理论知识的系统学习，他从学习中感受到了自然的博大与神奇，这是他与植物王国结缘的开端。这引发了他想构建热带植物花园的梦想，但当他与父母沟通这个想法时，却遭到了强烈的反对。后来郑文泰移居香港，学习土

木建筑，开启了在建筑设计和酒店管理行业驰骋的人生阶段。

他在广州、香港等地将生意做得风生水起。在商场的鏖战，为他积累了丰厚的资金。在20世纪80年代，他就已经身家过亿。

然而，忙碌的生活却让他大病了一场。这一场大病，让他对生命有了新的看法，开始重新思考人生的方向。"我想我们的存在不能给社会增加压力，而是要尽自己最大的努力去支持社会的发展。"他认为，生态环境便是社会持续发展的重要一环，他觉得自己有责任去保护生态环境，为子孙后代留下一片绿色。于是，病好之后，他放弃了自己所有的生意，变卖了家产。从此，郑文泰开启了人生的另一个阶段，他要做一个身体力行的"护绿"先行者，修复一处热带雨林系统。

1992年，32岁的郑文泰带着变卖家产得来的资金，一头扎进了海南兴隆大地的怀抱。在一处既有废弃橡胶园和丢荒耕地，同时又残留沟谷雨林的土地上，郑文泰再一次发挥他的创新精神，挥动起他那修复热带雨林的画笔，开启了兴隆热带花园的建设历程。

打造植物花园，让生命的物种得以生长和延续

郑文泰将大笔资金砸在荒山上，朋友们都说他是"神经病"，其父母也非常不赞成，因为家里还需要他继承祖辈的金融产业。但所有这些都没有动摇他建设热带植物花园的坚定决心。郑文泰说："我不可以永远在家人的保护伞下生存。我要活出自己的人生，这才是我的生命价值。"

说起自己对建设植物花园的决心为何如此坚定，郑文泰解释说，除了生病带来的体悟和改变，还有更重要的一点是当时城市化

进程逐步加深，森林资源已遭到毁坏，"我们今天赖以生存的环境中，人类的过度开采导致生态急剧恶化和生命物种快速消失，这是一个威胁到人类存亡的长远问题"。于是他想打造一个植物花园，让不同物种的生命得以生长和延续。

从建筑学跨越到热带植物，这对郑文泰又是一个新的挑战。对他来说，挑战的不仅是热带植物，还有人员的调配与管理，因为之前他是做建筑设计的，他公司的人员基本都不具备植物知识。

当然，这难不倒郑文泰。他通过各方渠道，并充分地利用自己这些年所积累的人脉，邀请了一批国内外植物专家帮助他确定热带植物的种类和最佳的找寻渠道，为他的植物花园设计发展远景规划。在这个远景里，他所展望的不是经济价值，而是生态价值。

从1992年开始，20多年来，他每天都是6点多起床，然后开始忙花园的各种事情。他靠一己之力寻找、购买、培育珍稀濒危物种种苗，在荒山野地里寻找物种时遇见危险也是常有之事。有一次，在寻找国家一级保护植物、濒危物种海南苏铁时，他不慎从6米高的山坡上跌落，摔伤了腿，几个月来只能蹒跚行走。

数不清多少弯弯的山道、高高的山坡上留下了他多少的汗水和多少次忙碌的身影，郑文泰把荒山弃林逐步打造成拥有百万株树木的兴隆热带花园。许多濒临灭绝的植物在这里得到保护并繁殖，形成群落，这里有着良性的生态循环，是一处融自然、人文、园艺、园林与生态为一体的热带雨林生态环境保护区，更被联合国旅游组织称为"世界自然生态保持最完美的植物园"。

如今，占地面积约400公顷的兴隆热带花园，已被国家确认为四大环境教育基地之一和物种基因库，花园里生长着热带植物4000多种，珍稀濒危植物65种。同时为了保持花园的自然生态，吸引更多的动物回归热带雨林，郑文泰还规定：任何人都不允许采摘花园内所有树上结的果实，也不允许捕捉池塘和水库里的鱼。

孩子们在郑文泰的热带花园里快乐地玩耍（图片来源：《人民日报》）

郑文泰说："创新，是我整个人生中一个很关键的词汇。一个人，到老都要创新。只有不断创新，你才有存在的价值。如果不创新的话，你就会被这个社会淘汰。"也正因为一直追求创新，郑文泰的人生之路越走越开阔，越走越有高度。他认为，旅游应该成为兴隆的产业构成；他还在花园里开办研学项目，且对各方面的设备都精益求精，让孩子们在安全的环境中得到历练。郑文泰说："这是我的原则，只要下定决心要做的事，我一定会尽全力做到最好。"

无人亦自芳，让植物在属于自己的地方自由生长

兴隆热带花园四季植被叠翠，奇花异草竞相争艳。园内四处种植着很多兰花。

兰花，象征淡泊、高雅和美好，"岁岁生空谷，无人亦自

芳"。在荒山中开创出兴隆热带花园的郑文泰，尤其喜欢兰花。他常年亲力亲为，忙碌在山路弯弯的花园里；他淡泊名利，却执着地追求和建设生态文明，这不就像山中一朵淡泊高雅的芳香兰花吗？可用《兰花草》的歌词来形容他：他从山中来，带着兰花草……满庭花簇簇，添得许多香。

兰花芳香满园，人走在花园里，连衣袖都是香的。郑文泰先生说，他们正在进行兰花的物种建设，准备将来在兴隆热带花园召开全球兰花博览会，现在热带花园收集的兰花大概已有几百种。

兴隆热带花园中美丽的一景（图片来源：《人民日报》）

那么郑文泰有没有更偏好哪种兰花呢？答案是"没有"，他说："我没有这种概念。哪怕兰花再丑，再小棵，都有它存在的价值。对于其他花也一样，我也没有特别喜欢哪一种，我只是在做品种保护。一种花再难看，它都是花。我始终认为，每一朵花都有它的生命，都有它存在的价值。人也是这样。"

兴隆华侨农场有21个国家和地区的华侨及其后代居住着，那么郑文泰有没想过把21个国家和地区最具代表性的花聚在一起，做个特别的花园呢？郑文泰说他并没有这种想法，他认为，一个国家或地区的花要在特定的空间生存才好。若种在一起，在同一个纬度种，其效果不一定会好。还是让植物生长在属于它自己的地方，各种植物自由生长的样子才是自然之美！

淡泊名利的郑文泰，很喜欢为文化提供一个传承和演绎的舞台。比如说，他资助和承办的"2018'兴隆杯'中国技能大赛首届全国咖啡师职业技能大赛（海南分区赛）"在兴隆热带花园举行。很多人都误以为郑文泰喜欢喝咖啡，但他说："我不太喝咖啡的。如果给我选择的话，我会选清淡点的奶茶。"郑文泰说，海南兴隆咖啡是新中国成立后最早的本土咖啡。咖啡是兴隆华侨乃至海南人的文化情结，也是当地经济的一个支柱。兴隆热带花园积极支持这次赛事，其实既是一种文化情结的延伸，也是兴隆发展进程中的一个新起点。他希望，为这一种咖啡文化继续在兴隆大地上生生不息尽点绵薄之力。

他生命的有为价值，就像他打造的花园中的一草一木那样，散发着迷人的芬芳。

20多年来，他一直锲而不舍地当一名"护绿"逐梦人，他奋斗在荒山野地，一步一个脚印，努力编织着绿色的生态梦，将荒山弃林打造成让世人瞩目的兴隆热带花园。

"2018'侨鑫杯'全球华侨华人年度人物"，这份荣誉，郑文泰实至名归。

劳动精神

　　郑尔泰是一位默默奉献的耕耘者，他的人生与荒山弃林为伍，一天天像攻城拔寨一般，将绿色一步步一片片延伸成美丽的花园。默默耕耘、努力奉献，这是成就自我和人生的一种必备心态，唯其如此，人生才能走得更远，创造更多属于自己的辉煌。

孟剑锋：
錾刻技艺的大国工匠

> ❝学好手艺，跟自己去比，不断超越自己。❞

　　百万次精雕细琢，雕刻出令各国元首叹为观止的国礼——纯银錾刻丝巾果盘《和美》。錾刻工艺师孟剑锋，承继有近3000年历史的錾刻传统工艺，錾刻出一幅幅精美作品，让中国的古老艺术在世界大放光彩。

2014年北京APEC（亚洲太平洋经济合作组织）会议期间，各国领导都收到了一份来自中国的国礼。这份中国的国礼取名为《和美》，这是一个像是由草藤编织，有着粗糙质感的金色果盘；里面有一条叠放着的柔软的"银色丝巾"，"丝巾"上的图案清晰自然，让人情不自禁地想去伸手拿起它。但是没人能够将"银色丝巾"拿起，因为它并非是真的丝巾，而是用纯银錾刻出来的，自然逼真又赏心悦目！

而担纲制作这份国礼的，便是錾刻工艺师孟剑锋。

国礼《和美》（图片来源：搜狐网）

上百万次錾刻，创造赏心悦目的国礼传奇

錾刻是我国一项有着近3000年历史的传统工艺，它使用的工具叫錾子，上面有圆形、细纹、半月形等不同形状的花纹，工匠敲击錾子，就会在金、银、铜等金属上錾刻出千变万化的浮雕图案。

2014年，敲了20多年錾子的錾刻工艺师孟剑锋，受命制作《和美》这份国礼。

传统的錾刻作品大都做在铜器上，很少有做在金银器上的，而命名为《和美》的这个国礼，设计要求是在一张厚度仅有0.6毫米的银片上展现出一条在果盘上盛放的精美丝巾。作品繁复且具有挑战性，纹理不是规则的几何图形，而是交错、细致的纺织纹理，并且还要錾刻出真切的丝巾光感、纺织品自然柔美的垂落状态。

一向喜欢挑战和创新的孟剑锋，先要着手制作錾子。敲击不同的錾子，就会在金属上留下不同的花纹，因此要錾刻精美的图案，首先要制作好錾子。孟剑锋经过反复琢磨和试验，最后精心制作出近30把錾子，最小的一把在放大镜下做了5天，一把细细的錾子上一共有20多道细纹，每道细纹大约只有0.07毫米，相当于头发丝的粗细。

他接着在厚度只有0.6毫米的银片上进行錾刻。在錾刻过程中，下手时不仅要稳、准，同时又要特别留神，不能錾透了。一件《和美》作品的形成，需要进行上百万次的錾刻敲击，只要有一次失误，就会前功尽弃，整个作品报废。孟剑锋说："一定是一次就錾到家，不能半途停，你停了再起錾子的时候就会跟上一次尾部的那个錾子印不太一样。"这非常考验一个工匠的感觉、眼力和技艺。当然，面对这个不许出现百万分之一差错的錾刻技术挑战，敲了20多年錾子的孟剑锋，亦是一气呵成。

支撑果盘的四足，是极富中国特色的中国结造型，当时的工艺标准并没有规定必须是手工加工，技师们也考虑过用机械将四足铸造出来，再焊接到果盘上。但一直严苛要求自己、追求极致的孟剑锋却认为，铸造出来的银丝上有瑕疵，不仅有砂眼，还会显得呆板。既然《和美》是国礼之作，那么必须是纯手工制作才完美，才能代表中国工艺美术的最高技艺水平。

为此，他琢磨了好一阵，最终决定选择用银丝手工编织中国结。由于银有一定的硬度，因此就要先进行高温加热使银丝软化，然后在温度降低、银丝变硬前迅速编织。编了没几天，他的手就被烫出很多水泡，疼得钻心，但他没有吭声，经过长时间反复摩擦，水泡变成了厚厚的茧子，但他怕影响了工作，就用钳子剪去手上的死皮，又接着干。领导发现时心疼地流下眼泪，可他却憨憨地说：没事，还能干活。

正在錾刻《和美》的孟剑锋（图片来源：《北京晚报》）

奋战了3个月，在孟剑锋和同事们的共同努力下，以勾、采、落、压、丝等工艺技法将缕缕丝线和竹篮藤条展现得淋漓尽致的国礼《和美》錾刻作品顺利完成。在2014年北京APEC会议上，《和美》惊艳亮相，成为錾刻行业里广为传颂的技艺传奇。

一个个故事，记录着人生前行的足迹

1993年6月，19岁的孟剑锋一出校门，便来到北京握拉菲装饰品有限公司（今北京握拉菲首饰有限公司）工作，到2020年已整整27年了。在这20多年的时光中，孟剑锋和同事们一起锻造、锤揲、整形、錾刻，从细小的首饰、工艺摆件到英雄奖章，一件件精美的作品就这样在他们手上诞生。

这其中的一个个故事，都生动地记录着孟剑锋人生前行的足迹。

1999年8月，公司承接了制作"两弹一星"科学家奖章的重大任务。为了完成这项任务，公司专门成立了项目组。当时，项目组组长找到孟剑锋，让他负责全部奖章中的最后一道工序——对麦穗进行手工钉砂。如果这道工序做坏了，那么奖章就彻底报废了，只能从头再来。

回忆起当年的情景，孟剑锋说，项目组的成员大多是有多年经验、技术娴熟的老师傅，只有他是二十几岁的青年，能被公司委以重任，他既感到"压力山大"，又感到无比自豪和激动。为了不白费前面同事的心血，他决定要细心再细心。凭着一股不服输的干劲，他把操作工艺吃透，把工具使用技巧悟透。钉砂时，要使用钻石针在饰品表面打击而形成有立体感、深浅一致的小亮点，操作工序看起来很简单，但对一枚奖章进行钉砂却需要半个小时，在这半小时中，他的手始终需要保持稳定，这很考验一个人的耐心。最终，在没有报废一枚奖章的情况下，他完成了全部奖章麦穗的钉砂，并得到了厂里的嘉奖。

2017年，孟剑锋和同事们又接受了一份紧急的国礼任务，制作2017年第一届"一带一路"国际合作高峰论坛礼品《梦和天下》首饰盒。《梦和天下》盒型取自中式花窗，工艺复杂，融合了雕漆、花丝、镶嵌、螺钿、珐琅等多种工艺。首饰盒从设计到制作完成共7个月工期，留给下厂制作打磨的时间却不足1个月。时间紧迫，要求所有工艺必须同时进行，且各项工艺的制作时间和制作出来的尺寸必须契合。"十几个手工打造的盒盖，每个尺寸都必须一样。不管怎么翻盖，和任何一个盒子都能匹配。"孟剑锋说，这考验的是技师的眼力和用心，制作标准非常高，他和同事们又完美地完成了这一份国礼的制作。

孟剑锋是一个喜欢钻研的人。为了提高成品率，他对"999银"的浇铸工艺进行创新和改进。经过多次探索，他发现浇铸能否成功的最关键影响因素是温度，讲究对火候的掌握。他查阅大量书籍及资料，向经验丰富的同行、前辈请教，并借鉴了黄金熔炼的工艺，前后花了3000多个小时，用几十千克银料进行了上百次试制，经过反复对比和推算，终于摸索出"999银"浇铸的最佳焙烧温度、最佳化料温度和最佳浇铸速度，攻克了其浇铸工艺的难题，使成品率提高了近50%，大大地提高了生产效率，降低了生产成本。改进成功后，第一次批量生产的作品是2010年北京工美集团设计制作的"世博徽宝"纯银珍藏版，零瑕疵一次性生产成功。用此项工艺创作的产品，在中国创新设计文化展暨2013中国（青岛）工艺美术博览会上，荣获创新产品设计大赛银奖。

在一件件作品成功面世的同时，他本人也获得了一系列的荣誉，如第十四届全国职工"职业道德建设标兵"、2016年首都劳动奖章、2016年度"国企楷模·北京榜样"十大人物、2016年度人民网"匠人精神奖"等。

但孟剑锋却不骄不躁地说，工艺美术不像其他一些行业，有严格且可以量化的指标、明确的标准，因此，要做好工艺美术，工匠除了要具备一定的技艺之外，还要凭借感觉、眼力以及良心。作为一名手艺人，追求极致，这是他给自己定下的标准。

一辈子只干一件事，不断超越自己

任何一个人的成功，都不是一蹴而就的，而是经过一步步走出来的。就像孟剑锋，如今他创作的作品受到众人赞美，获得一个个奖项，这也是他二十几年来通过对艺术的坚定追求和潜心付出而取得的骄人成就。

　　孟剑锋出生在一个普通的工人家庭，初中毕业后，因家里经济困难，他想去学手艺，掌握一门可以安身立命的本领。后来他到了北京长毛绒厂学钳工，把用锯子、锉刀等的基本功练得很扎实。

　　因为有钳工的基础，1993年，他从众多应聘者中脱颖而出，进入了北京某装饰品公司，被分配到机械加工车间，学习首饰加工中一道非常重要的工序——执模。他带着满腔热情走上执模岗位，踏踏实实跟师傅学练基本功。

　　后来，他看到车间里的师傅们都有不同的绝活儿。尤其是有一次，他看到一位老师傅没打草图，直接在一张扑克牌大小的金板上錾了一对栩栩如生的龙凤，且一次性就錾刻成功。他惊呆了，从此痴迷上了錾刻。只要一有空，他就常常去看这位老师傅干活儿。老师傅看他能吃苦、肯琢磨，便将技艺对他悉心相授。虽然他当时在执模的岗位上，也没有机会用到錾刻这门手艺，但他一直不间断练习錾刻技艺，并且越练越上瘾，"和錾子相处久了，一天不摸手痒痒的"。每天除了吃饭、睡觉，孟剑锋就是学技艺、练技艺，每天练到很晚才回家，最终把錾刻练成了自己的独门技艺。

　　从没有一点功底的青涩，到一点一滴的积累和创作，孟剑锋最终拥有了匠人的技艺。他挥洒汗水，錾刻出一道道精美的花纹，錾刻出一件件精美的作品，让自己的人生大放光彩。谈起自己的人生经验，孟剑锋这样总结道，在当初跟老师傅学艺的日子里，老师傅不仅教他技艺，还教会了他关于人生的态度和精神——"学好手艺，跟自己去比，不断超越自己""一辈子只干一件事"。他很感谢老师傅的教诲，这是他一生的财富，如今他也是这么严格地要求自己所带的徒弟。

劳动精神

　　一辈子只干一件事，功夫不负有心人。任何事情的成功，都离不开辛勤的劳动。只要沿着自己选定的道路，一直有勇气、有耐心、有恒心地走下去，人生必定会有不一样的精彩。

资料来源：《华西都市报》、中央电视台《大国工匠》节目

李云鹤：
倾心 60 载，
让千年壁画重获新生

  66 手艺这行，并无'巅峰'，只能不停地提升自己，用时间去打磨，才是对文物最大的尊重。**99**

    "风刀沙剑，面壁一生。"60多年来，李云鹤潜心修复壁画和塑像，哪里有"生病"的壁画和塑像，哪里就有李云鹤的身影。他用心让残坏的壁画与塑像起死回生，让一段段悠远历史绚烂重生。

他，是国内石窟整体异地搬迁复原成功的第一人。

他，是国内运用金属骨架修复保护壁画获得成功的第一人。

他，更是国内原位整体揭取复原大面积壁画获得成功的第一人。

他，就是"文物修复界泰斗"李云鹤，敦煌研究院原副所长。

他从23岁进入洞窟修复壁画至今，从事文物修复工作的60多年间，足迹遍布北京、新疆、青海、西藏等11个省市，先后为国内30多家文物单位的文物进行修复。他累计参与修复近4000平方米壁画及500余身塑像，一幅幅壁画和一个个塑像，经过他的精雕细琢，奇迹般起死回生，绽放光彩。

"风刀沙剑，面壁一生。洞中一日，笔下千年！六十二载潜心修复，八十六岁耕耘不歇。用心做笔，以血为墨，让风化的历史，暗香浮动，绚烂重生。"2018年度"大国工匠年度人物"颁奖典礼的颁奖词，便是对他一生事业的最好诠释。

"偶遇"敦煌，让唐代洞窟起死回生

1956年，24岁的李云鹤响应国家号召支援西北建设。他本来的目的地是新疆，但因为途中顺道去看望在敦煌研究院工作的舅舅，便在敦煌停留了几天。未曾想，这一停留，使李云鹤的人生从此便与敦煌紧密相连。

当时，大漠深处的敦煌莫高窟，荒凉满目，草木难生，许多人受不了这份寂寞苦闷。但当时任敦煌文物研究所所长的常书鸿邀请李云鹤留下来时，李云鹤却欣然答应。他每天负责为洞窟清扫和清理积沙，工作起来一丝不苟。踏实肯干的李云鹤，很快得到了所里的认可，三个月后，他成为当年全所唯一公投转正的新人。

敦煌莫高窟风貌（图片来源：中国民族建筑网）

转正的第二天，李云鹤便被安排去做壁画彩塑的保护工作。虽然当时他在这方面一点底子都没有，但却愿意学愿意干。他一边干着扶正塑像、整理壁画等简单的体力活，一边跟着师傅们学线描、临摹、塑像雕刻。一年后，他终于遇到了一个观摩学习的好机会。

1957年，捷克斯洛伐克文物保护专家约翰夫·格拉尔到敦煌窟进行壁画保护情况考察和壁画病害治理示范，李云鹤觉得这是一个难得的学习机会，主动请缨做他的助手。李云鹤在格拉尔工作时步步紧跟，仔细留意其操作的每一个细节。格拉尔修复壁画所用的技艺和材料对中国人是保密的，但用心的李云鹤却认真记下这位专家的步骤，之后他根据记下的步骤进行模仿，开始尝试像格拉尔一样用一些白色牙膏状的材料与水混合搅拌均匀制成黏结剂，再用一支医用粗针管顺着起甲壁画边缘沿缝隙滴入黏结剂，使其渗透至地仗里；待壁画表面的水分稍干，再用纱布包着棉球，轻轻地按压，使壁画表面保持平整，做到粘贴牢固。

经过一次次失败、一遍遍调试，李云鹤不断摸索与改进，把能找到的吸耳球、软硬毛刷、特制黏结剂、镜头纸、木刀、胶滚、喷壶等工具反复运用，把表面除尘、二次除尘、黏结滴注、分散喷洒、重复滚压等修复工艺反复磨炼，渐渐地掌握了修复壁画的技术，摸索出了一整套完整的修复工艺，也渐渐地将对文物的挚情融入了自己的骨子里。

1961年，李云鹤迎来了人生中的第一个修复任务。

161号洞窟墙皮严重起甲，一旦空气流动，窟顶和四壁上的壁画就纷纷往下脱落。"不修复，这些壁画就都脱落完了。"李云鹤痛心不已。当时的所长常书鸿对潜心研究壁画修复的李云鹤说："161窟倘若再不抢救，就会全部脱落，你试试看吧……"

文物修复是最考验技术和耐心的工作之一，稍有不慎，一块凝结千年前祖先心血的文物就会彻底损毁。李云鹤鼓足干劲，毅然接受挑战。"面壁"两年多后，终于完成了全部的修复工作。他欣慰地说："161窟壁画修复，是一点一点'绣'出来的。用了700多天，平均每天修复壁画不到0.09平方米。尽管进展缓慢，但却是日后莫高窟保护技术日趋成熟的根基。"这个濒临毁灭的唐代洞窟，在李云鹤的手中起死回生，成为敦煌研究院首个自主修复的洞窟，被称为"敦煌研究院壁画修复保护的起点"。

哪里有"生病"的壁画和塑像，哪里就有李云鹤

将毕生精力投入文物修复保护事业的李云鹤，从一窍不通到不断尝试、摸索、创新，再到技艺炉火纯青，最终成为石窟类壁画修复界的"一代宗师"，被誉为我国"文物修复界泰斗"。哪里有"生病"的壁画和塑像，哪里就有他的身影。

1975年，李云鹤创造性地对220窟甬道西夏壁画进行了整体剥

取、搬迁、复原，并且把西夏壁画续接在唐代壁画旁边，使得两个历史时期的壁画展现在一个平面上，供学者研究、游人观看。这使他成为国内原位整体揭取复原大面积壁画的第一人。

1991年，李云鹤主持修复青海乐都瞿昙寺瞿昙殿壁画。他将地仗层与墙体整体剥取，把原修复材料切割成马赛克大小的方块"疏筋""松绑"，再精确调整平整度，精准拼对壁画接缝，背泥1厘米加固地仗层，最后完整地把壁画整体挂上金属骨架固定在墙体上，成功解决了以往文物保护中材料选择不当而造成壁画卷曲的问题。

2000年，位于西千佛洞下游2000米处的敦煌南湖店16窟和18窟"告急"，尤其是崖体坍塌得特别厉害。李云鹤从考古、保护、管理等角度综合考量，最终采用整体搬迁的办法，将一个北魏洞窟和一个元代洞窟中的40多平方米的壁画和3尊塑像巧妙处理，使其腾云驾雾般从南湖店整体搬迁、复原至莫高窟北区石窟群中部塔湾，最大限度地保持了文物的原貌。

手持手电筒的李云鹤（图片来源：中工网）

"衣带渐宽终不悔，为伊消得人憔悴。"历经60多年坚守和挑战，他以炉火纯青的技术，创造了一个又一个纪录，创造了一个又一个迄今无人超越的奇迹。他开拓出"空间平移""整体揭取""挂壁画"等众多国内首创的壁画修复技法，并取得了多项文物保护方面的研究成果。他的"筛选壁画修复材料工艺"荣获全国科学大会成果奖，"莫高窟161窟起甲壁画修复""敦煌壁画颜料X光谱分析及木构建筑涂料"两项成果荣获原国家文化部一等奖……

80多岁高龄，依然默默坚守在文物修复一线

1998年，李云鹤退休了。他虽然退休了，但依然坚守在工作岗位上。如今已经80多岁高龄且白鬓如霜的他，每天穿着深蓝色的工作服，提着手电筒，背着磨得发亮的工具箱，穿行于莫高窟的各个洞窟，穿行于文物修复保护第一线。他说："退休了就可以更加专心专意地做，我觉得能做得更好。"

与文物打了一辈子交道，文物已经成为李云鹤生命的一部分。"走进洞窟的时候，我就感觉它们在说话：快来救救我吧，救救我吧！塑像高喊：我快倒了，我快倒了。对文物充满感情，就想趁还可以走动的时候，多多工作，多抢救一些。"李云鹤深情地说道。

"手艺这行，并无'巅峰'，只能不停地提升自己，用时间去打磨，才是对文物最大的尊重。"李云鹤把自己长年累月形成的精益求精的修复标准和高度负责的修复态度，渗透融入所从事的每一次修复保护工作中。心手相传，生命延续。如今，他一边自己动手修复，还一边指导年轻人工作，通过自己的言传身教潜移默化地影响和感染着年轻一代的文物修复保护工作者。

在石窟中修复文物，单一又枯燥。"文物修复工作，很像是在面壁，又像是在绣花，在洞窟里一坐就是两三个小时。一般人都很难坚持。如果没有对石窟的热爱，是无法保持激情的。"所以，李云鹤认为修复文物不仅要有才，更要有心，要对文物充满感情，要对文物有敬畏之心，不能把文物瑰宝当成死物。他常常这样教导学生说："文物修复不能图快，要细致入微。"他严格要求学生每天修复10多个小时，但修复的壁画往往不超过0.4平方米。如今，他带出来的学生大多已成为中国壁画、彩塑修复项目的带头人。

李云鹤说，只要能动，他还会接着干。他这辈子就想只做一件事——当好壁画修复的匠人。

劳动精神

一个人持有怎样的态度，便决定着所成就的高度。李云鹤对文物修复的坚守，来源于他对文物的无比热爱和敬重之心。因为热爱，才会保持60多年的激情；因为敬重，才有60多年坚持不懈的倾注，才成就了自己的耀眼光华。

资料来源：《光明日报》《人民日报》

肆 / 铸造传奇

　　干一行爱一行，坚定信念，淬炼意志，彰显劳动者最美的本色。

顾方舟：
以一颗小"糖丸"，
铸就中国儿童抵抗病毒
的"诺亚方舟"

> **❝**我一生只做了一件事，就是做了一颗小小的糖丸。**❞**

2000年中国被世界卫生组织确认为无脊髓灰质炎的国家。中国消灭脊髓灰质炎的先驱者顾方舟，研制出神奇小"糖丸"，铸就中国儿童抵抗病毒的"诺亚方舟"。他是中国人永远敬爱的"糖丸爷爷"。

"舍己幼，为人之幼，这不是残酷，是医者大仁。为一大事来，成一大事去。功业凝成糖丸一粒，是治病灵丹，更是拳拳赤子心。你就是一座方舟，载着新中国的孩子，渡过病毒的劫难。"这是《感动中国2019年度人物》栏目组赋予顾方舟的颁奖词。

顾方舟一生致力于脊髓灰质炎（简称"脊灰"）的研究、预防和控制，他更是消灭我国脊髓灰质炎的先驱者之一，被称为"糖丸之父"。从1957年开始，他临危受命研制脊髓灰质炎疫苗，至2000年世界卫生组织宣布中国为无脊灰状态，他艰辛跋涉44年，护佑着几代中国儿童的健康成长，为实现我国全面消灭脊髓灰质炎并长期保持无脊灰状态而奉献一生。

投身公共卫生事业，要让更多的人受益

1926年，顾方舟出生在浙江宁波。

二十世纪二三十年代是比较艰难的岁月，也是顾方舟成长的年代，他小小年纪就遭遇到了人生的疾苦。年仅4岁时，父亲不幸去世。但做助产士的母亲一直很有主见，她常常对顾方舟说："儿子，你要好好读书，要争气。长大了，你要当医生。当了医生，你就可以救治别人了。"母亲的一席话，在他的心中悄悄地种下了一颗从医的种子：我要听妈妈的话，我要争气，长大后要当医生。

1944年，18岁的顾方舟以优异的成绩考取了北京大学医学院医学系，开始向着医生的梦想进发。当时我国的公共卫生事业才刚刚起步，卫生环境很恶劣。比如，厕所沿街沿河而建，排泄物时常满溢；河水被用来饮用、洗衣、除垢、排污等；村落垃圾遍地、臭气熏天。种种恶劣的卫生环境直接导致了疾病的流行，人们的死亡率

居高不下。

　　面对恶劣的公共卫生环境状况，顾方舟大学毕业时毅然舍弃了待遇高、受尊重的医生职业，转而进行病毒学研究，投身于当时基础条件差、生活艰苦的公共卫生事业。"我违背了母亲要我当医生的嘱托"，但他认为，当医生固然能救不少人，但从事公共卫生事业能让更多的人受益。

　　此后，成为一名公共卫生学家，让更多的人远离疾病、拥抱健康，成为顾方舟的志向和理想。他用自己的一生来践行这一理想信念，尤其是他所研制的治病灵丹"脊髓灰质炎减毒活疫苗糖丸"，让新中国的几代孩子渡过了病毒的劫难。其"糖丸之父"的盛名，一直在中国大地广为流传。

临危受命，扎根深山搞研制

　　脊髓灰质炎，俗称小儿麻痹症，这种病多发于七岁以下的儿童，一旦得病就无法治愈。得病的孩子可能一夜之间腿、脚、手臂都无法动弹，不会走路，严重时连自主呼吸都没有办法，很可能有生命危险。

　　1955年，脊髓灰质炎在江苏南通大规模地暴发，全市1680人突然瘫痪，大多为儿童，并有466人死亡。病毒随后迅速蔓延到全国，引起恐慌。

　　脊髓灰质炎暴发后，如何防治的问题严峻地摆在了人们面前。当时，国际上存在死疫苗、活疫苗两种技术路线。一种是灭活疫苗，也称为"死疫苗"，可以直接投入生产使用，但儿童接种疫苗要打三针，每针几十块钱，过一段时间还要补打第四针。中国当时每年有一两千万的新生儿，需要同时考虑安全注射和专业队伍培养的问题，对于当时的中国，要采用死疫苗的技术路线并非易事。另一种是"减毒活疫苗"，成本是死疫苗的千分之一，但因为刚刚发明，药效、不良反应等问题还是未知数。

在减毒活疫苗和死疫苗的争论中，顾方舟经过深思熟虑，结合当时我国人口众多、生产力还不够高的国情，率先提出了"我国不能走死疫苗路线，只能走活疫苗路线"，主张用中国人自己的力量，开发成本低、效果好的活疫苗。当时的卫生部采纳了顾方舟的建议，并成立了脊灰活疫苗研究协作组，由顾方舟担任组长。

顾方舟带领研究协作组成员从北京出发，千里迢迢来到云南昆明西山扎根搞研制。当时那里一片荒芜，除了猿猴基地的猴舍，连供人居住的房子都没有。顾方舟和同事们拿起铁锹、铁铲，伐木、修公路、扛大石，一砖一瓦修建起房屋和实验室。

一个挽救中国儿童生命健康的疫苗实验室，就这样在一座荒山中建立起来了。在这里，他们与死神争分夺秒，排除万难，一步一步向着消灭脊髓灰质炎的梦想彼岸进发。

面对疫苗的未知风险，携不满一岁幼子以身试药

经过顾方舟和研究团队夜以继日的努力研究，第一批减毒活疫苗诞生了。动物实验证明疫苗在动物身上安全有效后，研究进入了更为关键的临床试验阶段。

疫苗临床试验需要在少数人身上检验效果，这就意味着受试者要面临未知的风险。习惯于奉献的顾方舟和实验室其他研究人员，冒着瘫痪的危险，毫不犹豫地做出自己先试用疫苗的决定。他们义

无反顾地一口喝下了一小瓶疫苗溶液。回忆此事时，顾方舟说得很实在："我们干这行的，自己生产的东西自己都不相信，那人家怎么敢相信？"

吉凶未卜的一周过去后，大家生命体征平稳，没有出现任何异常。高兴之余，另一个问题又萦绕顾方舟的心头——成人大多就对脊灰病毒有免疫力，关键是必须证明这疫苗对儿童也安全。

那么，找谁的孩子试验呢？当时，顾方舟和其他研究人员都是携家带口一起扎根昆明西山进行疫苗研制。望着还不到一岁的儿子，顾方舟咬咬牙，做出了一个惊人的决定：瞒着妻子，给自己的儿子服用疫苗溶液，来证明疫苗对儿童同样安全。

顾方舟的儿子，成了中国第一个喝下该疫苗的孩子。当时顾方舟很清楚，如果疫苗安全性存在问题，儿子面临的可能是致残的巨大风险。喂儿子喝下疫苗后，他每天都忐忑不安，孩子的每一个喷嚏、每一声咳嗽都让他心惊胆战。谈起这件事，顾方舟并没什么豪言壮语，他只是说，谁家的孩子不是孩子，如果用别人的孩子做试验，也太不仗义了。

在顾方舟的感召下，实验室的其他研究人员也纷纷给自己的孩子喂疫苗来进行临床试验。那时候，"孩子还好吧"这句最朴实的话，成了顾方舟和其他研究人员每天最心照不宣的问候。

经历了煎熬的测试期，孩子们生命体征均正常，疫苗实验成功了！那

顾方舟激动地抱着平安无事的儿子（图片来源：《北京晚报》）

一刻，顾方舟和其他研究人员喜极而泣。

一粒糖丸，铸就抵抗病毒的"诺亚方舟"

疫苗实验成功后，全国立刻正式打响了脊髓灰质炎的歼灭战。1960年12月，首批500万人份疫苗生产成功，在北京、上海等11个城市推广开来。在投放疫苗的城市中，疫情得到有效控制。

面对日益好转的疫情，顾方舟敏锐地意识到一些新问题：一是为防止疫苗失去活性，需要冷藏保存，但当时只有大城市的防疫站才有冷藏条件，这给中小城市、农村和偏远地区的疫苗覆盖增加了很大难度；二是疫苗为液体，装在试剂瓶中运输起来很不方便；三是服用疫苗时还得稀释，家长们需要将疫苗滴在馒头上，稍有不慎就会浪费，小孩还不愿意吃。

那么，怎样才能制造出运输方便、小孩又爱吃的疫苗呢？有一天，顾方舟突然在孩子爱吃糖这点上受到启发，他想：为什么不把疫苗做成一颗好看又好吃的小糖丸呢？带着这样的设想，经过一年多的研究测试，顾方舟和研究团队在1962年成功改进剂型，将脊灰疫苗做成一颗颗固体小糖丸。

神奇的"糖丸"疫苗面世，是中国消灭脊髓灰质炎的独特创举，既解决了孩子们不喜欢吃的问题，又让保存的难题迎刃而解。"糖丸"疫苗常温下能存放多日，在冷藏条件下可保存两个月，大大地方便了运输和推广。随后，"糖丸"疫苗逐渐推广到全国各地。

1965年，全国农村逐步推广疫苗，从此脊髓灰质炎发病率明显下降。1978年，我国开始实行计划免疫，病例数继续呈波浪形下降。1990年，全国消灭脊髓灰质炎规划开始实施，此后几年病例数逐年快速下降。自1994年发现最后一例患者后，至今没有发现由本土野病毒引起的脊髓灰质炎病例。

2000年，中国被世界卫生组织确认为无脊髓灰质炎的国家。在中国消灭脊髓灰质炎证实报告签字仪式上，已经74岁的顾方舟作为代表，签下了自己的名字。

一颗颗小糖丸伴随了中国儿童的健康成长，孩子们都亲切地称顾方舟为"糖丸爷爷"。

"糖丸爷爷"顾方舟，一生致力于脊髓灰质炎的研究、预防和控制，从1957年到2000年，从无疫苗可用到消灭脊髓灰质炎，一路艰辛跋涉，花了40多年，最终让千百万儿童远离了脊髓灰质炎，为消灭脊髓灰质炎的伟大工程做出了重要贡献。而他却谦逊地说："我一生只做了一件事，就是做了一颗小小的糖丸。"

2019年1月2日，顾方舟溘然长逝。虽然顾方舟离开了，但他所研制的糖丸，他为中国儿童建造的这艘健康方舟，将永远被国人铭记。

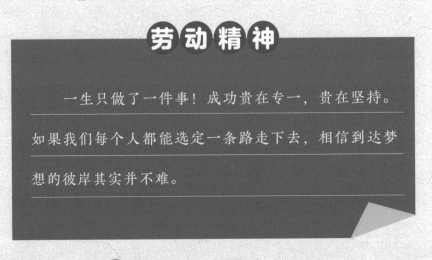

劳动精神

一生只做了一件事！成功贵在专一，贵在坚持。如果我们每个人都能选定一条路走下去，相信到达梦想的彼岸其实并不难。

资料来源：新华网、《广州日报》《时代报告》

张柏楠：
让飞天梦想照进现实

　　❝干任何事业，都离不开奋斗与打拼；无论时代怎样变化，拼，才能赢得美好未来。❞

　　飞越浩瀚宇宙，探测无垠苍穹，从"神舟一号"到"神舟十一号"，再到无人实验飞船发射升空成功，航天强国的中国梦终于成为现实。总设计师张柏楠全程参与了这一个个壮举，他是航天强国梦的推手，助力中华文明走向更广阔的宇宙。

航天能力，被视为一个国家强大与否的重要标志。

航天梦，是强国梦的重要组成部分。

从1999年11月20日"神舟一号"第一艘无人实验飞船发射升空，到"神舟五号"突破载人飞天，"神舟六号"实现两人多天，"神舟七号"突破出舱活动，"神舟八号"实现无人对接，"神舟九号"突破载人交会对接，"神舟十号"实现与"天宫一号"自动交会对接任务，"神舟十一号"完成持续时间最长的一次载人飞行任务，再到2020年5月5日"长征五号B"运载火箭首次飞行任务取得圆满成功，每艘飞船飞行任务的成功完成，都意味着中国航天事业实现巨大进步。

中国载人航天工程飞船系统总设计师张柏楠，见证了中国载人航天工程的光辉历程。他与许许多多从事航天事业的人一样，以不懈的努力和奋斗，让中华文明走向更广阔的宇宙，让航天强国的中国梦成为现实。

"神舟十一号"发射（图片来源：中国青年网）

与航天结缘，人生因在挑战中不懈奋斗而精彩

1962年，张柏楠出生于黑龙江省齐齐哈尔的一个普通家庭。父

亲从事化工研究，母亲从事会计工作，张柏楠自小受父母的影响，非常喜欢看书，每天放学回家就喜欢把自己"埋"到书堆里。后来在父亲的书柜里，他偶然发现了一本《航空知识》杂志，被书中的内容深深地吸引。于是，他从中学开始就一直订阅《航空知识》杂志，这是他最喜欢的书籍。浩瀚无垠的苍穹，让他无比着迷与神往。而航天梦的种子，在他心中扎下了深根。

填报高考志愿时，他将所有的志愿都填上了"航空航天"，立志非此专业不学，最终如愿地考入国防科学技术大学。1984年大学毕业后，为了尽快地从事渴望已久的卫星设计工作，他选择来到中国航天科技集团公司空间技术研究院攻读研究生课程，并获得了空间飞行器设计专业硕士学位。他勤奋好学，航空航天的梦想在他心中一天天升华。

1987年张柏楠硕士毕业后，到总体设计部六室从事返回式卫星总装设计工作，从此他站在了航天飞船设计的第一线，开始挑战浩瀚的宇宙，打响了向航天进发的奋斗号角。

1998年，"神舟一号"甫一研发，35岁的张柏楠就担任载人航天工程飞船系统副总设计师。

2001年，张柏楠作为负责"神舟二号"技术工作的主管副总师，在初样和试验船的基础上提出并在国内首次实施空间飞行器的整体空运工作，大大地缩短了发射场工作的时间。

2002年，张柏楠负责"神舟四号"的研制，他贯彻一切为载人的目标，注重载人环境的实现，注重飞船的安全性和可靠性，提出并主持制定了飞船系统载人放飞准则，制定了医学和工效学验证大纲，组织验证工作。他全面实现了人工控制功能，并首次完成了有航天员参加的人航联合测试，使飞航研制又上了一个新的台阶，为载人飞船的研制奠定了基础。

2004年1月，"神舟五号"飞船成功回收百日之际，不满42岁的张柏楠从"老航天"、中国航天界的功勋乃至元老级人物戚发轫的手上接下了载人飞船系统总设计师、未来空间站设计总管的重任。

2011年11月3日，"天宫一号"与"神舟八号"犹如两位舞者，以太空为舞台，漫漫追逐，交会对接成功，开始在距地球343千米的轨道上演一支完美的太空"华尔兹"。

二十世纪五六十年代，中国航天事业在一穷二白的基础上艰难起步。时至今日，经过几代航天人的奋斗和付出，中国的航天事业特别是载人航天事业取得了举世瞩目的成就，神舟飞船已逐渐成为具有中国特色的高质量、高效率的航天品牌。

作为我国载人飞船系统总设计师的张柏楠，在航空航天这条路上一走就是20多年。在这20多年的跋涉中，他主持和参与解决了"神舟"系列载人飞船的正常运行、安全返回和出舱活动中的多项重大技术问题。他感受到了责任和压力，也感受到了成功的喜悦。每次看着飞船如流星般划过天际，与飞船一起着陆的还有他悬了一天的心。"人生中最大的快乐莫过于享受付出心血后得到的成功。"张柏楠说，航天人的使命光荣，航天人的人生也因在挑战中不懈奋斗而精彩。

敬业务实，不断攻坚克难

从"神舟一号"到"神舟十一号"，张柏楠与航天工作者一起见证了中国载人航天工程的光辉历程，一起经历着不断攻坚克难、压力与动力共存的开拓奋进之路。

作为"神舟五号"的"前传"，"神舟四号"飞船需要完成有航天员参加的人船联合测试。在一次返回舱综合空投试验中，出现了一个难题：舱内一氧化碳超标，会对航天员造成不利影响。当时解决方案汇总到张柏楠手里，方案的第一步是堵，即把气体关在容器里，第二步是疏，即留在容器里的气体不能一直留在舱里，要疏导到空间中。张柏楠思来想去，最终拿出了"有害气体过滤器"的设计，万一"堵"与"疏"的过程出了漏洞，放置在航天员给氧程序中的过滤器可以御"敌"于门外，确保万无一失。

2003年7月，就在"神舟五号"出厂前，一项耗时很久的综合测验显示：航天员座椅的缓冲器未达到标准，这样在返回着陆时会使航天员的骨盆和脊柱受到冲击。为了确保航天员的绝对安全，张柏楠受命攻关新型缓冲器。当时，他带着20多人不分昼夜地工作，历经两个月，终于赶在2003年10月拿出了新型缓冲器，完美代替了老型缓冲器。"总说失败是成功之母，只要你认真面对失败，它就会给你带来经验和助力。"张柏楠说，"关键是从失败中吸取教训，航天人是有这个能力的，跌倒了还能够爬起来。"

"神舟"系列飞船每一次的飞行任务都不同，面对的困难也不同。随着飞船任务难度的升高，出现的问题也越来越难解决，每一个问题都是对航天人的挑战和考验，每当飞船研制遇到重大难题时，攻关小组的组长往往都是张柏楠。他说，带着压力工作已成为生活的常态，他很享受这种挑战，面对众多的困难，一个个去攻克，他乐在其中。

从事航天事业多年，张柏楠觉得，一代代航天人带来的精神财富非常值得珍惜。他说，一个人要想干好航天事业，首先要有敬业精神，航天技术难度很大，必须耐得住寂寞，抵得住诱惑，踏踏实实、一心一意地扎进去研究；其次要有协作精神，载人航天工程有数万个节点、几十万条程序语言，相关人员和单位都必须密切协作，只有每个人都做好自己的事，才能保证不因个人的疏忽而出问题；最后还要有求真务实的精神，不能出现半点虚假。很多时候有些事情也许可以蒙混过关，但航天工作中哪怕有一点儿漏判、一点儿疏忽，最后都会酿成不可估量和难以承受的后果。

张柏楠总师（右一）在综合测试现场（图片来源：新华网）

从跟跑到领跑，让中国人走得更远

2020年5月8日，我国新一代载人飞船试验船返回舱在东风着陆场预定区域成功着陆，这标志着我国空间站阶段飞行任务首战告捷。

新一代载人飞船是面向我国空间站运营、载人月球探测等任务需求而论证的具有国际先进水平的新一代天地往返运输飞行器。为了能在一次任务中验证更多新技术、新材料，张柏楠带领的试验船研制团队创造了中国载人航天器领域的多个首次：首次采用了新型轻质耐烧蚀的碳基防热材料，首次采用国际上推力最大的新型单组元无毒推进系统，首次采用群伞气动减速和气囊着陆缓冲技术等。张柏楠说，新飞船试验船从材料到结构都是我国自主研制的，我国的防热材料设计居世界前列。

"以前摸着经验学习、追赶时，风险相对比较小，肯定不会出大的路线错误，成功概率比较高。而现在慢慢地走到前沿，要开始去探路了，决策风险比较大。"张柏楠说，前路漫漫，但他相信，干任何事业，都离不开奋斗与打拼；无论时代怎样变化，拼，才能赢得美好未来。

"人类不可能一夜之间就能够在月球上生活，这个过程很漫长。我们能做的，就是1天、10天、30天，甚至半年、一年地逐渐累积、适应。"张柏楠说，"不管前路多遥远，我希望未来的中国老百姓能够像坐飞机一样乘飞船去太空旅行。"

劳动精神

敬业、协作、务实，一代又一代的逐梦航天人大力发扬这几种卓越品格，坚守着这份精神财富，以不懈奋斗实现了中国的航天梦，铸造了中国航天事业的辉煌。如果我们能发扬光大这几种卓越品格，也就拥有了前行的坚定信仰和力量，一定能从容迎接挑战，让梦想照进现实。

资料来源：《人民日报》、新华网

李万君：
柔手攻克世界难题

> 干一行爱一行，只要坚持就会有成绩，就会成功。

一把焊枪，一双妙手。高铁焊接大师李万君，柔手攻克一个又一个世界级焊接难题，为中国高铁发展的迅猛提速，为完成时速250千米、350千米、380千米的"三级跳"，立下汗马功劳。

在散发着高温的车间，有一个人穿着厚重的帆布工作服，右手端着焊枪，左手拿着焊帽，半蹲在地上，"刺"的一声，焊花四溅，眨眼间，转向架的接口就被平滑地"缝合"好了——这便是中车长春轨道客车股份有限公司（简称"中车长客"）的电焊工、高铁焊接大师李万君30年如一日的日常工作场景。

李万君之于中国高铁事业的发展，是创造历史的基石，是技术革新的先锋，他让中国高铁真正实现了"贴地飞行"，驶向世界。正如2018年度"大国工匠年度人物"颁奖典礼上的颁奖词对他人生的颂赞："一把焊枪，一双妙手，他以柔情呵护复兴号的筋骨；千度烈焰，万次攻关，他用坚固为中国梦提速。那飞驰的列车，会记下他指尖的温度。"

干一行爱一行，"啥活干精了都会有出息"

一把焊枪，千度烈焰。这烈焰，真不是一般人能受得了的。在年轻的时候，李万君也曾经被这烈焰灼得动摇过，但最终他在烟熏火燎中淬炼出了钢铁般的坚强意志。

1987年，19岁的李万君职高毕业，进入原长春客车厂工作，成为一名焊工。每天披挂着厚重的帆布工作服，扣着封闭的焊帽，李万君和伙伴们一起焊着客车上供水的水箱、制动的风缸，车间里一年到头火星四溅、声音刺耳、味道呛鼻。为了防止四溅的火星引火，他们要在池子里作业。冬天，他们脚上穿着水靴子也隔不住池水的严寒，身上更是常常挂一层冰；夏天，池水也无法缓解焊枪带来的2300 ℃的高温，烤得人喘不过气。

焊工的工作环境艰苦，又脏又累，不到一年，一起入厂的28个伙伴被吓跑了25个。当时，李万君也曾想过要换一个轻松干净的工作，但曾连续7年被工厂评为劳模的父亲劝他说："啥活都得有人干，啥活干精了都会有出息。"面对父亲的劝说，李万君下定决心留在车间，当一名像样的电焊工，爱岗敬业，潜心钻研，琢磨着怎么才能把活"干精"。

李万君每天起早贪黑地练习焊接，连午间工友都在休息时，他也还在琢磨工艺；下班后，工友回家了，他仍蹲在车间练个不停。为了尽快地提高技艺，他还拜遍工厂名师，哪个师傅活儿好，他就去向哪个师傅讨教焊接技艺；厂里要求每人每月焊100个水箱，李万君每天总会在原定的任务量的基础上多焊20个。由于每天花费比别人多的时间勤学苦练，他的技艺突飞猛进，入厂第二年，李万君就在车间技能比赛中夺冠。1997年，李万君首次代表中车长客参加长春市焊工大赛，他是最年轻的一名选手，却以娴熟的三种焊法、三个焊件一举夺得三个第一，名噪一时。

凭着勤学苦练、锲而不舍的劲儿，李万君练就了一套过硬的焊接手艺，真的把活"干精"了。两根直径仅有3.2毫米的不锈钢焊条，可以被李万君分毫不差地焊接在一起，而且不留一丝痕迹；甚至只要在20米外听到焊接声，李万君就能准确地判断出电流和电压的大小、焊缝的宽窄、焊接的质量等。

随着我国高铁事业的快速发展，电焊工的操作技能要和国际接轨。好学上进的李万君积极与时代接轨，为适应高铁的生产需求，他相继考取了碳钢、不锈钢焊接等6项国际焊工（技师）资格证书，成为全能型焊工，样样精通。他已从一名普通焊工成长为闻名中外的高铁焊接专家。2017年3月，李万君获得了正高职称资格证书，成为吉林省第一个"教授"级别的一线工人，被人们誉为"工人院士"。

攻坚克难的先锋，创造中国高铁的奇迹

2004年，中国开启高铁时代大幕。李万君作为厂里焊接技术最过硬的技师，是攻坚克难的急先锋，他带领团队，齐心协力，解决了一个又一个的焊接世界难题，使中国高铁的发展迅猛提速，为完成时速250千米、350千米、380千米的"三级跳"立下了汗马功劳。

李万君（右）在给徒弟讲解动车侧梁焊接技术（图片来源：《人民日报》）

2007年，作为全国铁路第六次大提速的主力车型，时速250千米动车组在中车长客试制生产。由于转向架横梁与侧梁间的环口是承载整车约50吨重量的关键受力点，焊接成型质量要求极高。试制初期，因常规焊法焊接段数多，焊接接头极易出现不熔合等问题，这一时成为制约转向架生产的瓶颈。

面对"焊好自主生产的第一个转向架"这个棘手任务，李万君冒出了一个设想：能否一枪焊好环口呢？带着这个设想，凭着一股

子钻劲，李万君在焊接时每次呼吸、移步和变换身姿都万分小心，他端住焊枪，仔细琢磨，精准控制熔池温度，经过半个多月，他终于摸索出了"构架环口焊接七步操作法"，将600毫米周长的环口焊接一气呵成，成功突破了批量生产的关键技术。该技术的突破不仅保证了动车组的生产，还为公司节约3000多万元成本。这套操作法也让外国专家直竖大拇指。如今，这项令外国专家十分惊讶的绝活已经被纳入生产工艺当中。

2015年初，中车长客试制具有完全自主产权的中国标准动车组（即复兴号动车组）。转向架横梁与侧梁连接处的焊口是4条带有30度斜坡的焊缝，它的焊接直接影响了标准动车组的研制，成为制约生产顺利进行的瓶颈。为了攻克这个难题，李万君和团队成员，每天加班到晚上10点都是家常便饭。经过反复论证、多次试验，半个多月后他们终于总结出一套高效科学的"下坡焊创新焊接法"，不仅生产效率提高了4倍，而且合格率高达100%，填补了我国在这一技术领域的空白。2017年9月，复兴号动车组在京沪高铁运营，中国成为世界高铁商业运营速度最高的国家。这一领跑世界的"中

认真进行焊接工作的李万君（图片来源：《工人日报》）

国速度"的达成，离不开李万君及其工友这些"幕后英雄"的默默付出。

"困难在创新者面前就是机遇。"坚守电焊工岗位30多年的李万君，面对困难，勇于挑战、勇于创新，他先后参与了我国几十种城铁车、动车组转向架的首件试制焊接工作，总结并制定了30余项转向架焊接规范和操作方法，带领团队完成技术创新成果150余项，其中27项获得国家专利，使中国轨道车辆转向架构架焊接达到了世界最高水平。

李万君凭借精湛的焊接技术，用一支焊枪为中国高铁争光，为出口到世界各国的列车生产攻克了一道又一道技术难关：2016年初，李万君带领团队成功地完成美国纽约地铁转向架厚板焊接的31项工艺评定，为我国试制生产40毫米厚板转向架提供可靠焊接规范及操作依据；2017年初，李万君参与试制生产的4个美国纽约转向架，通过美国焊接专家的认证……

让中车长客的高铁、城铁出口到世界，曾经是李万君最大的梦想，现在梦想成了现实。李万君说，"希望世界上越来越多的国家，能够享受到中国制造带来的幸福"。

培养超一流技术团队，百花齐放春满园

作为第一代高铁工人，李万君见证了中国高铁从无到有、从追赶到领跑的历程。他深知，"一枝独秀不是春，百花齐放春满园"，中国高铁要"走出去"，需要千千万万个高技能人才，需要超一流团队。为此，他在自己努力进步的同时，还主动培训新人，将传承技艺当成自己的一项使命。

在中国高铁事业起步之初，公司需要大量的"国际焊工"，而李万君曾经创造过一个"培训奇迹"。2008年，中车长客引进德国某公司时速350公里高速动车组技术，但与之相匹配的大量高技能工人却一时难求。德国人提供的转向架焊接试验片，只有李万君一人能焊出来。为了新项目，公司成立了新产品车间，抽调高技能、高素质人员，还从技校招来了400多名学生让李万君培训，要求短时间内迅速形成生产力。德国的工艺标准是全新的，李万君也要从头学起。他常常彻夜不眠，思考如何将复杂的工艺操作过程分解成具体的步骤，通俗易懂地教给学员。那时候李万君为了抢时间，连上厕所都是一路小跑，生了病就用药顶着，体重也掉了20多斤。最终，400多名学员全部提前半年考取了国际焊工资格证书。德国公司的焊接权威专家竖起大拇指，夸赞李万君"创造了奇迹"。

"我的技能传给企业和社会，才更有价值。"李万君满怀信心地说。尤其是自2010年他牵头组建了公司焊工首席操作师工作室至今，通过工作室这一平台，组织集中培训400多次，给公司培训焊工2万多人，培训焊工考取各种国际、国内焊工资质证书4000多项，满足了高速动车组、城铁车、出口车等20多种车型的生产需要，让传承技术的"培训站"成为解决企业生产难题的"攻关站"。

兢兢业业30多年，磨精焊技，淬炼意志，李万君把手中的焊枪使得出神入化。在平凡中，他一步步地走向非凡，为实现中国"高铁梦"默默耕耘，为奋进新时代贡献着劳动者的力量。

劳动精神

　　宝剑锋从磨砺出！就像宝剑的锐利刀锋是从不断的磨砺中得到一样，一个人的成功也必须是经过不断努力、修炼，克服一定的困难才能达到的。干一行爱一行，坚定信念，淬炼意志，这才是劳动者最美的本色。

资料来源：《经济参考报》《人民日报（海外版）》、中国青年网

胡润环：
创造稻草奇迹，
用行动书写一个农民
奋斗者的传奇

❝成功不是休止符，创新永无止境。❞

一个只有初中学历的农民，自学成才，在8年时间里共获得7项国家专利，成为响当当的发明家。其中最广为人知的是他历时两年，经过上千次试验，研发出全国首台自动喂料草绳机。他就是胡润环，他用行动书写着一个农民奋斗者的传奇。

胡润环，一个只有初中文化水平的农民，自学成才，研发过多种机器，在8年时间里共获得7项国家专利，用行动书写着一个农民奋斗者的传奇。

如今他已经50多岁了，依然还孜孜不倦地埋头在发明的世界中。他说，"成功不是休止符，创新永无止境"。

自学成才的机械研发达人

1963年，胡润环出生于广东省东莞市洪梅镇乌沙村，在农村成长的他中学毕业后便选择去当学徒。老实淳朴的父亲原本希望儿子当个木工，掌握一门将来用来谋生的手艺。但胡润环却有自己的想法，他更喜欢捣鼓电器维修，梦想做一名机械工程师，于是他跑到了麻涌当学徒学电机。

虽然他学历不高，但却是个好学的人，有着强烈的求知欲。他一边跟着师傅刻苦练习电机操作技巧，一边努力学习机电知识，不断寻求突破。"我什么都干，有空就买各种各样的机械类书籍自学。"胡润环回忆说，兴趣是最好的老师，他当时一头扎进书海，后来又学会了修发动机。手巧好学的胡润环很快被调去农机站维修手扶拖拉机，还被送去农机学校培训了一段时间，后来又被推荐进入企业工作，开始与大型机械打交道。

胡润环常年与各类机械为伴，凭着一腔热情和勤奋练习，很快就成了一名技术熟手，赢得"电机神医"的美誉：1995年6月，他凭借出色的技艺登上了《东莞工商报》，关于他的报道上有时任市长题写的"电机神医"四个字。

随着技艺越来越娴熟，胡润环已不满足于对机器的修修补补，他觉得人生应该有更高的追求，于是开始着手设计研制一些作用更大的机械。2004年，他在老家成立了东莞市玖环农业机械科技有限公司，开始专注和研制各种机械新产品，日渐成为一名颇有名气的机械达人。胡润环也很享受发明的过程，对他来说这是一种挑战，而且越挑战越有雄心壮志。

从2004年开始，他陆续研发出铸造行业的覆膜砂热膨胀、热弯曲、热抗拉等一系列高端自动检测设备。这一系列高端自动检测设备获得了4项国家专利，并销售给几家大型汽车公司使用。"当时有一些台湾企业找到我，说他们的检测设备老化了，给我一些他们产品的检测数据，问我能不能做出来。"胡润环说，对方只给了产品的检测数据，却没有图纸可以参考，这是一项巨大的挑战，但他却在没有图纸也没有机器的情况下，一遍一遍试验、核算数据，花费八九个月时间，经过无数次实验，终于让自己研制的高端自动检测设备达到了台湾企业的标准，而且与之前的手动检测设备相比，他研发的高端自动检测设备不仅有很大改进，还减少了人工成本和误差。

历时两年，上千次试验，研发出全国首台自动喂料草绳机

胡润环最广为人知的一项发明是于2009年研发成功的自动喂料草绳机。他因此获得了国家发明专利1项、实用新型专利2项和国家注册商标1项，并两度受邀做客中央电视台科教频道的《创新无限》和《我爱发明》栏目，一时间成为"红人"，声名大噪。

对于有心之人来说，就算是一次偶然的机会，说不定也会引发一个惊人的发明。胡润环研发自动喂料草绳机的初衷，来自一次旅

游所见。

那次胡润环到江苏盐城游玩，看到当地人用的是脚踏式草绳机，和当地人闲聊后，了解到他们每人每天拼死拼活地干，也只能打100多斤草绳。他觉得当地农民太辛苦了，使用手工机械编织草绳既使人劳累且效率又不高。作为一个土生土长的农民，他心里总想着如何给农民减轻劳作强度；当时他还看见有些人有焚烧秸秆的习惯，觉得这样处理对环境不好。于是他脑海中很快蹦出了一个想法，那就是进行机械改造，研发一种自动喂料草绳机，一来可以提高农民编织草绳的效率，二来又很环保。胡润环越想越来劲，当时他还兴奋地跟儿子打赌说："我一定能研发出来。"

因为已经有过一些机器研发的成功经验，也有了多项发明专利，胡润环对此想法的实现自信满满，以为三个多月就能成功。但没想到的是，研发自动喂料草绳机的过程可谓是漫长而又煎熬。

回忆起当年自己研发自动喂料草绳机的过程，胡润环说因为当时太过沉迷，甚至到了废寝忘食的地步，一遇到难题常常会陷入深思而忘了吃饭，"我经常被老婆责怪，她一直怕我疯掉"。为了争分夺秒搞研发，他还干脆把被褥都搬进了工厂，睡在沙发上，夜以继日地进行试验。当时在资金上也遇到困难，他不仅花掉了所有的积蓄，还因此负债累累，但都咬牙坚持了下来。

功夫不负有心人，经过不断研究和改进，历时两年多，耗资200多万元，经过1000多次的试验后，胡润环及其团队最终研发出了全国首台自动喂料草绳机并成功投入生产。这种草绳机可编制直径在7~35毫米内的草绳，自动感应稻草的长短，采用高科技数码计算表记录绳子的长度等，真正实现了各类草绳的自动化编织，而且可以编织多种规格的草绳，一天能打1200斤草绳，工作效率大约是传统人工草绳机的5倍。

胡润环在介绍他的全自动喂料草绳机（图片来源：东莞阳光网）

胡润环发明的自动喂料草绳机，对解决农村劳动力短缺、帮助农户实现增收、保护环境等方面都发挥了积极作用。如今，自动喂料草绳机已销售到全国23个省份，颇受欢迎。胡润环说，不久前还有韩国某农业协会辗转联系上他，表示想做草绳机的韩国销售代理。目前，他正在积极推进拓展海外市场的工作。

一名农民发明家的胸怀

胡润环，一名地地道道的农民，一名普普通通的"匠人"，却在8年时间里，获得了7项国家专利。他用坚定而专注的行动，书写着工匠的奋斗精神，释放了自己的创新能量。

虽然胡润环已获得多项国家专利，且他自创的草绳机也已开始畅销国内外，但他一直不曾停止过开拓创新的脚步，努力将自己研发的产品做到精益求精。比如，他对自己研发的拳头产品——自动喂料草绳机，一直都还在不断地改进、优化、完善和升级。如果有农民反映草绳机哪里不好用，他一定会专程前往现场了解情况，细心听取意见，并根据反馈对草绳机进行改进。"我们每年一个版本，每年一次更新。"胡润环说，"坚持将它做到更好，做到智能化，这个就是我们的目标，我们研发的动力就在这里。"

从农民到学徒，从学徒到修理工人，再到自己办工厂、搞研发，30多年间，胡润环成长为一名农民发明家，赢得了"稻草大王"的美誉。他说，从小就梦想做一名机械工程师，现在可以说圆了自己的梦，但是"成功不是休止符，创新永无止境"，发扬工匠精神就是要不断追求进步，他的未来就是要继续研发新产品，为国家、为社会贡献自己的一点力量。

劳动精神

农民出身的胡润环，从小做着机械工程师的梦，一直保持着强烈的求知欲，自学成才，在发明的道路上不断钻研学习，寻求突破，同时也享受着发明带来的快乐。所以，不管身份如何，只有努力求知、刻苦钻研，最大限度地释放自己的能量，才能完美地突破自我，成就自我。

资料来源：金羊网、东莞时间网

曾庆存：
胸怀祖国，勇攀气象高峰

　　❝平常像黄牛一样踏实科研、好好积累，当国家和人民需要你的时候，就像赛马一样向前冲。**❞**

　　从26岁以"半隐式差分法"攻克天气预报世界级气象难题开始，曾庆存一直冲在勇攀科学高峰的路上。从风华正茂到耄耋之年，凭黄牛风格、具赛马精神，他为中国现代大气科学和气象事业做出了开创性的贡献。

在科技发达的今天，只要人们点开手机，就可以随时查看当天以及后几天的天气预报。如此便利精准的天气预报，离不开"半隐式差分法"算法。而首创"半隐式差分法"的人，正是曾庆存院士。

26岁时，他以"半隐式差分法"破解了世界级气象难题，为如今的天气预报技术奠定基础；44岁时，他领取国家津贴，与著名数学家陈景润"同在第一档"；45岁时，他当选中国科学院学部委员（院士）……从事大气科学研究近60年，他为中国现代大气科学和气象事业的两大领域——数值天气预报和气象卫星遥感做出了开创性贡献。

26岁首创"半隐式差分法"，破解世界级气象难题

人类最初是"凭经验"看云识天气的。到了20世纪，人们发明气象仪器测量大气状态，绘成"天气图"，但还要依赖气象预报员的经验，误差较大。经验性的天气预报由于缺少精确的计算，没法做到定量、定时、定点的判断。

预报能不能再准点？科学家想方设法地把千变万化的天气根据大气动力学原理建立方程组，然后输入数据，用计算机数值求解，更加准确地得出未来天气的预测结果。但这组方程式囊括了太多的变量，计算极其复杂。气象瞬息万变，计算速度如何"追上"天气变化速度？这个难题一时困住了世界气象学界。

1957年，中国选派一批人到苏联学习气象专业，刚刚大学毕业的曾庆存就名列其中，到苏联后他师从国际著名气象学家、苏联科学院通讯院士基别尔。在求学期间，曾庆存潜心钻研，经过一年半的努力，在数学、气象动力学和大气物理等方面均取得了优异的成

绩，也由此深得导师基别尔的赏识。在博士论文选题时，基别尔给了曾庆存一个世界性研究难题——"应用斜压大气动力学原始方程组做数值天气预报的研究"。曾庆存回忆说："导师把这个题目给我时，所有师兄都反对，认为我不一定研究得出来，可能拿不到学位。"

初生牛犊不怕虎！面对挑战，曾庆存却很兴奋，丝毫未有退却之意。他苦读冥思，每出现一个想法，就反复试验和求证。那时候苏联的计算机也非常紧缺，能上机的时间很少。曾庆存每天只有10个小时的上机时间，而且还只是在深夜。于是，他白天用纸算，晚上带着纸条去上机，通宵达旦地计算和验证。

历经三年反复的试验和失败后，1961年曾庆存从分析大气运动规律的本质入手，想到了用不同的计算方法分别计算不同过程，摸索出了"半隐式差分法"，终于把原始方程组解了出来。该方法随即在莫斯科世界气象中心应用，预报准确率得到了极大提升。

曾庆存首创的"半隐式差分法"，让人类从"凭经验"预测天气，发展到"算数值"的气象预测，这是世界上首个成功应用原始方程直接进行实际天气预报的方法，在世界数值天气预报史上具有里程碑式的意义，为当今数值天气预报业务模式的动力框架奠定了基础。如今，半个多世纪过去了，"半隐式差分法"仍在国际上广泛使用。

破解气象学的世界难题时，曾庆存才26岁，风华正茂的他，成为气象学界一颗闪亮的星。但他也深知，科学大道是不平坦的，必须要保持勇敢坚毅的精神，才能攀上气象学的顶峰。

国家的需要，是推动他深入研究的动力

　　纵观曾庆存的人生，他一直孜孜不倦地行走在研究气象学的道路上。

　　1935年，曾庆存出生于广东阳江的一个农民家庭。他在乡下长大，每天看着在田间地头耕作的父老乡亲，深深地感受到天气对农业收成和人民生活的深刻影响。

　　1952年，曾庆存考取北京大学物理系。当时正值新中国成立之初，国家急需气象科学人才，读物理系的曾庆存响应国家号召转到气象系。让曾庆存印象尤其深刻的是1954年的一场晚霜，把农业大省——河南40%的小麦都冻死了，严重影响了粮食产量。"如果能提前预判天气，做好防范，肯定能减少不少损失。"曾庆存说，这一场晚霜，成了他下定决心投身气象学的转折点。

　　1957年，曾庆存前往苏联学习气象专业，三年多后首创了"半隐式差分法"，声名远扬。就在莫斯科世界气象中心即将应用他的方法做天气预报业务时，他却没有留下来感受荣誉，而是选择立即回国，一心一意要成为一名报效祖国的科学家。当时他还写了一首《自励》诗明志："温室栽培二十年，雄心初立志驱前。男儿若个真英俊，攀上珠峰踏北边。"珠穆朗玛峰是世界最高峰，"攀上珠峰"即追求科学的最高峰。珠峰有"北坡难南坡易"一说，"踏北边"除了寓意要"迎难而上"，还因为珠峰北边为中国领土，"踏北边"就是昭示要"走中国道路"。曾庆存心潮澎湃地说："我要向朝思暮想的祖国表明心迹，绝不辜负国家的培养，一定要在气象科学领域攀上世界顶峰。"

　　学成归国，曾庆存被分配到中科院地球物理研究所气象研究室工作，从此开始了他攀登科研高峰、科学报国之路。当时曾庆存住在只有几平方米的房子里，物资匮乏、生活清贫，但却丝毫没有降低他科学报国的热情，不受外界干扰，他专心专意搞气象研究。

1970年，我国决定研制自己的气象卫星，曾庆存又一次服从国家需要，被调任为卫星气象总体组技术负责人，踏足全新的气象卫星领域。他克服重重困难，解决了卫星大气红外遥感的基础理论问题，并用一年时间写出了当时国际上第一本系统讲述卫星大气红外遥感定量理论的专著《大气红外遥测原理》，为监测暴雨、台风等及相应灾害提供了重要帮助。

20世纪80年代初，曾庆存挑起中科院大气所所长的大梁。当时我国基础研究经费短缺，担任所长期间，曾庆存身体力行，历尽艰难。在他的带领下，大气所建成了"大气科学和地球流体力学数值模拟国家重点实验室""大气边界层物理和大气化学国家重点实验室"，成为国际知名的大气科学研究中心，更成为我国大气科学基础研究的中坚力量。

从物理系到气象系，从研究气象到研究气象卫星再到担任大气所所长，曾庆存一直都秉承"服从国家需要"的原则，国家需要他干什么，就算困难重重，他也毫不犹疑地向前冲。曾庆存说："人

曾庆存在办公室里工作（图片来源：新华社）

民的需要，国家的需要，是推动我深入研究的很大动力。"他经常用这样一句话来勉励和要求自己："为人民服务，为真理献身，凭黄牛风格，具赛马精神。平常像黄牛一样踏实科研、好好积累，当国家和人民需要你的时候，就像赛马一样向前冲。"

85 岁 "气象科学老战士"，依然冲在勇攀科学高峰的路上

从风华正茂到耄耋之年，与"风云变幻"打了一辈子交道，曾庆存用汗水和智慧取得了多项科研成果：1961年首创世界上首个成功应用原始方程直接进行实际天气预报的方法——"半隐式差分法"；1974年写出国际上第一本系统讲述卫星大气红外遥感定量理论的专著《大气红外遥测原理》；1994年建立世界第一个实际应用的短期气候预报系统；1999年起研究将遥感、数值预报和超算紧密联系的气象灾害监测、预测和预警，提高其防控时效和效果；2011年，与多位科学家向国家提出以研制中国地球系统模式为首要任务并带

阳江一中的学弟学妹们：

你们努力学习、热爱科学、向往进步的精神，深使我感动。愿我们大家一起共同努力奋斗，为国家、为民族、为人民、为家乡的富强，为世界的文明发展，为光辉的未来而献身。

要有理想，要勤奋刻苦，要坚毅打好基础，文理兼备，才能在科学上攻坚、创新，在社会上真正为人民服务，这也是人生的最大幸福！

努力吧！亲爱的学弟学妹们！未来是属于你们的！前途无限！

老校友 曾庆存

二〇一二年十二月廿一日

2012年12月曾庆存院士回母校阳江一中讲学时给学弟学妹的信（图片来源：搜狐网）

动地球科学数值模拟研究的"大科学装置"……

以科学报国，坚定地走在攀登大气科学顶峰路上的曾庆存，如今早早已获得多项荣誉。对于曾庆存所取得的成果和荣誉，很多人都说他已经"登顶"了，但他却说："我一直在努力攀登大气科学这座珠穆朗玛峰，我没能登上顶峰，大概只在八千六百米处，初步建立了一个营地，供后人休憩、前行。"

从大学时学习气象学专业开始，曾庆存始终坚守在气象学的科研第一线。如今，曾庆存已经85岁了，依然孜孜不倦地在自己的岗位上发光发热。他自称是"气象科学老战士"，经常承担具体的科研项目，还带研究生，教书育人，为祖国大气事业培养出一批批优秀人才。

"当一名科学家，就要为民、为国、为科学。"这句质朴的话语，曾庆存当作了一生的誓言去践行，如今他仍然走在努力践行誓言的路上。

劳动精神

曾庆存把自己当成一块砖，国家哪里有需要，他就去哪里，他的研究就做到哪里。他一生只专注研究，不管碰到多少艰难险阻，都像赛马一样向前冲，勇攀科学高峰，只为让祖国更强大。这样的家国情怀，这样的奉献精神，值得我们一代代去继承。

资料来源：《光明日报》《发明与创新（大科技）》《科技日报》